本著作是浙江省高校重大人文社科攻关计划重点项目：新时代中国特色社会主义高等教育思想理论体系研究及在浙江的实践（立项号：2018GH41）的研究成果

本著作得到了宁波工程学院学术出版基金资助

中国特色社会主义高等教育思想理论体系及在浙江的实践

沈友华◎著

QUNYAN PRESS

·北京·

图书在版编目（CIP）数据

中国特色社会主义高等教育思想理论体系及在浙江的
实践 ／ 沈友华著 . -- 北京 ： 群言出版社，2023.9
ISBN 978-7-5193-0868-1

Ⅰ．①中… Ⅱ．①沈… Ⅲ．①中国特色社会主义－高
等教育－教育思想－研究－浙江 Ⅳ．① G40-092.7

中国国家版本馆 CIP 数据核字（2023）第 171792 号

责任编辑：胡　明
装帧设计：吕荣华

出版发行：群言出版社
地　　址：北京市东城区东厂胡同北巷1号（100006）
网　　址：www.qypublish.com（官网书城）
电子信箱：qunyancbs@126.com
联系电话：010-65267783　65263836
法律顾问：北京法政安邦律师事务所
经　　销：全国新华书店

印　　刷：三河市华晨印务有限公司
版　　次：2023年9月第1版
印　　次：2023年9月第1次印刷
开　　本：710mm×1000mm　1/16
印　　张：13.75
字　　数：250千字
书　　号：ISBN 978-7-5193-0868-1
定　　价：78.00元

目　录

实践篇：浙江经验

绪　论

　　高等教育行业作为国家各项事业稳步发展的人力资源保障与基本智力支撑，是全球范围内各国政府和社会人士普遍关注的重点领域，更确切地说，是一个国家发展潜力与长远稳定的重要保障。中国特色社会主义教育事业的不断发展与创新探索离不开中国特色社会主义教育理论的正确指导。中国特色社会主义高等教育思想理论体系是在系统总结改革开放 40 多年以来我国高等教育的发展经验、教训与模式的基础上所形成的关于我国高等教育改革与发展的系统认识与理论体系。它植根于马克思主义中国化进程的全过程，是中国特色社会主义理论体系的重要有机组成部分。它对我国高等教育的发展具有重要的指导价值，无论从意识论还是方法论上看，都具有深厚的价值底蕴与时代内涵。

　　改革开放以来，我国高等教育事业蓬勃发展，并取得了丰硕成果。相关资料显示，关于中国特色社会主义高等教育思想理论体系的研究探讨与系统总结始于 1993 年的国家教委高教司（现为教育部高教司）组织推动的"建设有中国特色社会主义高等教育理论研究"课题，这在我国高等教育改革史上具有重要意义，中国共产党第十四次全国代表大会顺利召开与《中国教育改革和发展纲要》的正式颁布，为我国高等教育改革提供了新机遇，也对我国高等教育事业的全面发展与深入改革提出了新的要求。与此同时，在长期的实践过程中，我国高等教育领域面临一些新的巨大挑战，逐渐暴露出发展瓶颈。例如，我国高等教育的根本任务是什么？核心目标又是什么？面临日益复杂的国际国内形势以及教育环境现状，如何高效、稳定地推进我国高等教育改革与全面发展？针对此类问题，笔者认为有必要针对当时的特定时代背景，从我国高等教育发展的实际出发，结合各省、各地先进的办学理念与经验，开展中国特色社会主义高等教育思想理论体系的构建与完善的系统性研究。基于此，本书就我国高等教育领域有关高等教育思想理论体系的重大研究做一些简要回顾。

一是"建设有中国特色社会主义高等教育理论"研究。20 世纪 90 年代，数十个单位的 300 余位相关研究领域专家、学者以及管理人员参与了这方面的探索研究，发表相关论文 200 余篇，出版《建设有中国特色社会主义理论研究》等专著、报告 10 余部，对于研究我国在中国特色社会主义发展关键阶段的高等教育思想理论体系具有非常重要的价值与意义。他们从举办体制、管理体制、投资体制、招生和毕业双轨制度以及高校内部管理制度 5 个维度对我国高校体制改革进行了重点探讨与系统梳理，提出"高等教育管理体制改革是我国高等教育事业改革的重点和难点所在，管理体制改革要与社会经济结构和布局相适应"。当时随着改革开放的深入，我国高等教育领域面临着两个较为突出的问题：一是市场经济的发展趋势对当时高校教育思想造成严重影响，部分学校出现商业化、功利化的趋向；二是传统意义的高校教育观念、教学模式、教学内容、教学方式、考核方式以及教学目标俨然成为我国高等教育改革的制约因素，该课题分别从教学现状的调查、教学困境的解析以及未来高等教学改革方向的总体研判等方面切入，对我国高校教育改革进行了系统的探讨与阐释，确立了"以教育思想和改革观念的改革为先导，以提高人才培养为根本目的"等重要思想。这些有关教育改革的研究要点也直接推动了"面向 21 世纪教学内容和课程体系改革计划"项目的实施与发展，推动了高校教学内容和课程体系建设，一千余种面向21世纪课程的教材完成编撰与修订，对我国高校教育质量提升具有重要作用。专家学者们提出"将文化素质教育贯穿于专业教育的始终、注重第一课堂与第二课堂相结合、加强校园文化环境建设以及开展社会实践活动"等多重措施，对高校文化素质教育改革的理论体系、实践模式以及实现途径等进行全面总结，逐渐形成包括思想道德素质、文化素质、业务素质和身心素质在内的文化素质教育理论框架。

　　二是"遵循科学发展，建设高等教育强国"研究。21世纪初，中国高等教育学会组织全国高等教育界专家与学者以教育部哲学社会科学重大课题攻关项目为契机，系统回答了"什么是高等教育强国""为什么要建设高等教育强国"以及"怎样建设高等教育强国"等一系列重大问题，随着《建设高等教育强国》系列论丛等专著的正式出版、发表，研究成果得到理论界与实务界等相关人士的一致认可，为我国高等教育强国建设奠定了坚实的基础。首先，关于"高等教育强国的核心范畴"的这一重大议题的探究，从高等教育强国基本内涵和本质两个层面开展论述，前者重点基于高质量的人才培养、世界级的科学研究及其卓越的全球影响力三个维度加以说明，后者则侧重于从先进的高等教育理念、发达的高等教育系统和良好的外部适应能力三个角度进行阐释。关于"为什么要建设高等教育强国"的探讨，从建设高等教育与促进国家经济发展、科技进步与变革、社会和谐及繁荣以及文化传承和创新等各方面的密切关联开展系统性分析与讨论，认为高等教育强国建设与我国社会主义现代化建设高度吻合，是实现中华民族伟大复兴与"两个一百年"目标的基本前提之一，是长期以来党和各级政府所坚持的"科教兴国""教育优先"等国家战略的必然要求。围绕"怎样建设高等教育强国"这一课题，专家提出创新中国特色社会主义指导下的高等教育理念和完善中国特色社会主义下的现代大学制度、协调全国范围内高等教育区域均衡发展以及优化我国当前高等教育结构体系等实践途径，此次就从本文所探讨中心议题"高等教育理念体系构建"开展深入介绍，高等教育思想的基本理念提出充分尊重学术自由，营造宽松的学术环境；注重整个高等教育系统协同发展创新；提倡自我主动型教育，转变育人观念。在管理方面，坚持"分权制衡"；主动融入社会，助力社会服务等一系列具有指导意义的创新性观念，对于中国特色社会主义高等教育思想理论体系的最终创建与不断完善具有重要借鉴价值。

三是"加快建设中国特色高等教育思想体系"研究。这方面的研究起始于 2010 年，为了对上述两方面有关中国特色社会主义高等教育理论体系系统总结、创新完善的整体提升，立足于深入实施建设创新型国家发展战略、全面贯彻《国家中长期教育改革和发展规划纲要（2010—2020 年）》及其系统总结中国特色高等教育思想理念、实践模式与先进经验等时代发展背景，对新时期下中国特色社会主义高等教育理论体系的初步探索与先行总结。党的十八大以来，以习近平同志为核心的新一代党中央高度重视高等教育思想理论体系在中国特色社会主义中的突出性作用，在各种会议报告、高校考察以及书信回信等场合对当前我国高等教育，尤其是思想理论引导等方面发表了一系列重要讲话，深度阐释和论证了新时代我国高等教育改革与发展所形成的重大理论性问题与实践性探索，对于指导我国高等教育事业的健康有序发展以及不断完善具有中国特色的高等教育理论体系都具有至关重要的意义。对此，相关学者总结道："中国特色社会主义高等教育思想理论体系发展进入了新境界。"

通过上述对我国高等教育思想理论体系总体研究的历史回顾分析，中国高等教育思想理论体系的初步建立、不断发展与创新、完善，正好与中国特色社会主义伟大实践，即改革开放高度统一，可以说我国高等教育思想理论体系的形成真正植根于我国社会主义现代化建设事业，具有鲜明的时代特征与历史价值。首先，中国特色社会主义高等教育思想具有鲜明的价值取向。早在 1945 年，毛泽东同志在《论联合政府》中就明确指出："中国国民文化和国民教育的宗旨，应当是新民主主义的；就是说，中国应当建立自己的民族的、科学的、人民大众的新文化和新教育。"重点强调"中国特色"的重要价值。1958 年 9 月，中共中央、国务院发出的《关于教育工作的指示》中明确提出："党的教育工作方针是教育为无产阶级政治服务。"这一立场指明了我国发展教育事业的基本方向。改革开放以来，我国政治、经济、社会和文化各项事业均取得了举世瞩目的伟大成就，同时也在发展中国特色社会主义的过程中出现了一系列新的挑战。对此，基于新时代国内外高等教育发展现状，以习近平同志为核心的党中央从实际出发，提出"中国特色社会主义的伟大实践要充分学习西方经济社会发展的先进经验，但绝不是简单的照搬照抄"。在 2014 年 12 月召开的第二十三次全国高等学校党的建设工作会议上，习近平总书记提出："办好中国特色社会主义大学，要坚持立德树人，把培育和践行社会主义核心价值观融入教书育人全过程。"2016 年 7 月 1 日，在庆祝中国共产党成立 95 周年大会上，习近平总书记指出："人民立场是中国共产党的根本性政治立场，是马克思主义政党区别于其他政党的显著标志。"随后在 2016 年 12 月全国高校思想政治工作会议上，习近平总书记又再次强调并指出："高校思想政治教育工作关系高校培养什么样的人，如何培养人以及为谁培养人这个根本问题。"在 2018 年 5 月 2 日的北京大学师生座谈会上，习近平总书记提出："培养社会主义建设者和接班人，是我们党的教育方针，是我国各级各类学校的共同使命。"

目前我们大多数专家学者从主要内容、特点和价值意义等方面对习近平总书记关于我国高等教育重要论述进行研究。靳诺（2017）："立德树人是高等教育的价值目标和时代使命，高等教育改革创新的关键在于落实立德树人根本任务。"陈晓蝶（2017）：以立德树人作为"中心环节"，来推动高等教育的发展，强调高等教育的发展必须坚持"立德"为先，"树人"为本。熊礼贵（2018）："立德树人是高等教育的根本任务，我们必须坚持育人为本、以德为先，认真落实立德树人。"冀鹏（2018）："在高等教育发展以及优秀人才培养工作中，教师是最为关键的资源。"鲍嵘、牛晓雨（2018）：习近平总书记从"好老师的素养""尊重教师""高校教师的职责"几个方面回答了新时代高校教师观问题，为新时期我国高校教师队伍建设和发展指明了方向，并从"好老师的素养""尊师重教"和"高校教师的职责"三个方面来分析阐述。严蔚刚（2018）：高等教育综合改革的目标应该是"完善和发展中国特色现代大学制度，推进高等教育治理体系和治理能力现代化"。改革的核心目标是从"管理"向"治理"转变，转变政府职能、简政放权、创新方式，充分发挥市场在资源配置中的决定作用。宋鹏飞（2018）：新时期中国高等教育的改革主要集中在三个方面，一是转换发展思想，革新高等教育的发展理念；二是坚定不移地推动高等教育体制机制的改革，努力提升高等教育的治理能力；要努力打造我国高等教育的国际化水平，以国际化的标准推动我国高等教育发展。房广顺、张大海（2018）：坚定不移地加强党对高等学校的全面领导，就要牢牢掌握党对高校工作的领导权、实现党对高校工作的全面领导、加强和改进高校党的建设。鲍嵘、牛晓雨（2018）：习近平总书记教育领导论回答了如何领导高等教育意识形态和领导高等学校两个方面的问题，指出要坚持对高等教育意识形态的领导、坚持党对高校的领导。范跃进、刘恩贤（2018）：习近平总书记对高校党建工作高度重视，加强和改进党的建设是高等教育发展的根本保证。高志明、古良琴（2018）：习近平新时代高等教育思想外延广阔、内涵丰富，彰显四大特质点：即立足当代、面向人类未来的战略点；坚持特色、五大理念和谐并举的价值点；立德树人、教书与育人统一的落脚点；不断改革、砥砺前行的动力点。刘伟（2018）：习近平总书记关于高等教育重要论述的基本特征主要包括：人民性、时代性、战略性、开放性四个方面。张俊宗（2018）：习近平总书记关于高等教育的重要论述，思想深刻、内涵丰富，体现了鲜明的政治性，体现了高度的战略性，体现了深刻的规律性，体现了突出的创新性，体现了鲜明的时代性。刘伟（2021）：习近平总书记关于高等教育的重要论述具有重要的理论价值和历史价值。从理论价值方面来说，发展了马克思主义教育理论和毛泽东、邓小平的关于高等教育的思考，指导了中国教育科学发展的方向。从历史价值来说，推动了中国特色社会主义高等教育事业的改革和发展，为中国特色社会主义事业提供了强有力的智力基础。冀鹏（2018）：习近平总书记关于高等教育的重要论述具有理论价值和实践价值两个方面。从理论价值来看，习近平总书记关于高等教育的重要论述是马克思主义教育思想与中国特色社会主义教育思想的重要补充；从实践价值来看，习近平总书记关于高等教育的重要论述为我国高等教育的发展指明了方向。

纵观上述习近平总书记关于中国特色社会主义高等教育思想理论体系构建的深刻认识，清晰地看出新时代中国高等教育思想与以人民为中心、实现中华民族伟大复兴的中国特色社会主义根本宗旨与历史使命具有必然且非常紧密的联系。2018 年 9 月 10 日，在全国教育大会上，习近平总书记发表重要讲话，站在新时代坚持和发展中国特色社会主义的战略高度，深刻回顾了党的十八大以来我国教育事业发展取得的显著成就，系统总结了推进我国教育改革发展的"九个坚持"，对当前和今后一个时期教育工作作出了重大部署，为加快推进教育现代化、建设教育强国、办好人民满意的教育提供了根本遵循。新时代是一个理论创新的伟大时代。习近平总书记提出的教育"九个坚持"，适应中华民族伟大复兴中国梦新要求，回应人民对教育新期待，回答教育面临新课题，是直面问题的产物，具有鲜明的时代特色。"九个坚持"创新了马克思主义教育思想，开辟了中国特色社会主义教育理论新境界，是我们党关于教育思想的重大创新，丰富和发展了中国特色社会主义教育理论体系，实现了我们党在教育理论上的历史性飞跃，标志着我们党对教育规律的认识达到新高度。

改革开放以来，特别是进入21世纪以来，浙江省全体人民以极具拼搏的创新精神以及不畏艰难的创业探索，不但在践行中国特色社会主义思想和核心价值观等方面取得了丰硕、珍贵的精神财富，还在个体命运、城市建设、地区发展与各项事业的创新式探索方面都取得了光荣、伟大的历史成就，谱写了一曲自强不息、艰苦奋斗、不屈不挠的壮丽诗篇。为此，随着当前我国内、外部环境的骤然变化，西方思潮与本土价值观念发生剧烈碰撞、交融，给当前包括思想政治教育工作在内的高校思想意识领域带来了前所未有的困难与挑战。基于此，如何正确处理新时代高等教育事业发展所遇见的新局面、新特征、新变化，是当前包括高校思想政治教育在内的高等教育思想理论体系领域所亟待解决的重大问题之一，而中国特色社会主义高等教育思想理论体系的基本建立与创新实践则为应对与处理这一系列问题提供了全面式理论指导与实施路径。与中国特色社会主义理论类似，中国特色高等教育思想理论体系来源于社会主义高等教育事业的伟大实践，既是我国当前中国特色社会主义高等教育事业发展所必须依赖的根本性指导思想和基本的实践依据，同时也是对中国特色社会主义高等教育在不断实践过程中的已有经验教训的系统性总结。党的十一届三中全会以来，浙江省的改革开放各项举措以及现代化建设进程，在中国特色社会主义理论的正确引导下，通过先行先试、求变图存的创新精神，取得了良好的实践效果，创立了众多驰名中外的发展理念与基本模式，浙江经验、浙江模式、浙江现象以及浙江智慧深入人心，焕发着时代的生命力。就浙江省高等教育发展总体态势而论，伴随"科教兴国""建设高等教育强国"以及"建设创新型国家"等国家级战略的稳步推进与深入实施，我国高等教育事业从以往的精英化阶段逐渐发展到大众化阶段，并且即将进入普及化阶段，办学规模、教学质量、教学环境以及在校师生数量等各个方面取得了显著成效。在这样的环境背景之下，浙江省委、省政府等主管部门依据浙江经济发展的现实需求和省内高校综合状况，于 2001 年前后正式提出实施"教育强省"和"科教强省"省级发展战略；随后于 2006 年颁布并执行了《浙江省教育强省建设与"十一五"教育发展规划纲要》，对省一级教育强省战略进行了深入部署；2007 年再次出台《浙江省人民政府关于促进高等教育发展的若干意见》，其中明确提出"至 2020 年，浙江省教育质量和国际化程度明显提高，高等教育总体水平位居国内前列，基本建成高等教育强省"。近年来，随着国家启动"双一流"发展战略，浙江省在 2015 年率先部署并实施省一级"双一流"建设试点工作，在办学质量提升与国家化建设发展方面均积累了丰富的经验。2017 年，浙江省第十四次党代会上，再次提出"到 2020 年基本建成高等教育强省的基础上，首次提出全面实施高等教育强省战略"。因此，从整个浙江省高等教育事业的发展脉络来看，无论是投入时间，还是重视程度，浙江省高等教育实践都具有显著的"浙江经验""浙江模式"等痕迹，表现出具有独特底蕴与精神气质的"浙江高等教育发展的宏图"。

自进入近代社会以来，浙江省人才辈出，涌现出一大批如孟宪承、郑晓沧、朱家骅、竺可桢等教育领域的大师级学者，为浙江省高等教育思想的后续发展奠定了坚实的物质与精神基础。19 世纪末，现浙江大学的前身育英书院和求是学院两所新式书院的成立，标志着浙江近代高等教育的兴起。随后在其各自的办学演变进程中，育英书院逐渐发展成为之江大学，而求是学院逐步发展成为国立浙江大学，开创了浙江省综合性大学发展的历史征程，为浙江高等教育事业作出了重要贡献。抗战期间，国立浙江大学等国内一众顶尖高校受战事影响，迁移至四川、贵州、云南等地区，为当时乃至近半个世纪培养了大量优秀人才，奠定了我国近代高等教育的基础；与此同时，国立浙江大学等高校也得以迅速崛起，成为我国现代高校的翘楚，当时有外媒评价，当时的浙江大学与中央大学、武汉大学以及西南联合大学并称为"中国四强"，享有"东方剑桥"的美誉。中华人民共和国成立后，教育部对全国高校进行统一院校调整与专业配置调整，原浙江大学被分别划入新浙江大学、杭州大学、浙江医科大学以及浙江农业大学。1985 年《中共中央关于教育体制改革的决定》正式颁布实施，浙江省相继配套实施"科教兴省"等重大教育发展战略。1998 年 9 月，浙江大学、杭州大学、浙江医科大学和浙江农业大学完成合并重组为新浙江大学，至此高校合并风潮席卷全国。另外，作为我国民办教育和独立学院教育的发源地，浙江省高职教育一直坚持以"高起点准入，高标准建设"为基本原则走在我国高职教育的前列，如在杭州新建的高水平研究型西湖大学、宁波筹建的宁波东方理工大学（暂名）等在浙江的高等教育史上必将会产生深远的影响。根据《浙江省发展改革委、浙江省教育厅关于印发〈浙江省高等学校基础能力建设"十四五"规划〉的通知》数据显示，截至 2020 年年底，浙江高等教育毛入学率达到 62.4%，普通本专科在校生规模达到 114.9 万人，研究生在校生规模达到 11 万余人。较 21 世纪初，浙江省高等教育的总体质量与办学规模均具有显著提升，随着浙江省整体高等教育事业的蓬勃发展与不懈奋斗，在深入学习、贯彻包括新时期中国特色社会主义高等教育思想理论体系在内的中国特色高等教育思想理论与方法过程中积累了丰富的经验，并形成了以"互联网＋思想政治教育"为典型地方特色的先进模式，为扩展与丰富我国高等教育理论架构与创新发展提供了翔实的案例与制度创新。基于此，有必要对浙江省高等教育思想理论体系的发展面貌、实践经验以及理论制度展开系统性梳理、解构与总结，以期为中国特色社会主义高等教育事业的持续性健康发展提供数据支持与实践经验，同时为全国范围内广大在校大学生等有志青年从中领会、认清浙江，乃至全国高等教育思想理论体系对自身成长、成才所起的重要作用，提高思想道德素质、社会国民意识以及爱国主义情感，为实现中华民族伟大复兴贡献自己应有的力量。

为此，《中国特色社会主义高等教育思想理论体系及在浙江的实践》这一专著，旨在对改革开放以来中国特色社会主义伟大实践中关于高等教育思想理论体系的最新成果、体系创建与时代价值等中心内容开展系统性梳理、阐释；在此基础上，以浙江省高等教育发展过程中对中国特色社会主义高等教育思想理论体系的实践状况、创新发展与积极探索进行重构式剖析与探究，进一步证实中国特色社会主义高等教育思想理论体系的科学性与正确性，不断总结浙江省高等教育在现代化、信息化和大众化建设与发展的过程中所积累的丰富经验与先进模式，以此增进广大青年一代对中国特色社会主义理论范畴内高等教育思想的认同与觉悟，构建中国特色高等教育的"示范窗口"。《中国特色社会主义高等教育思想理论体系及在浙江的实践》作为立足全国社会主义高等教育思想发展实践与相关研究进展的基本现状，在对中国特色社会主义高等教育理论体系建设、推进、突破与创新进行系统性回顾与总结的基础上，以浙江省高等教育思想理论的创新探索与有关实践中所逐渐形成的先进经验、先进模式进行案例式调查与剖析，为高等教育思想理论体系提供鲜明的时代特色与实践参考，可作为浙江省高校思想政治教育课程的延伸读物或参考资料，同时也可为其他地区高等教育思想理论工作开展提供一定的参考与借鉴。

同时，《中国特色社会主义高等教育思想理论体系及在浙江的实践》在系统阐述中国特色社会主义高等教育思想理论体系的基础上，较为全面地回顾了浙江省改革开放 40 多年来，在坚决贯彻党的基本教育方针与战略部署，全面推动深化高等教育行业改革、促进高等教育总体质量提升等方面不断积累、探索，形成的浙江经验、浙江模式。作为针对中国特色社会主义理论在高等教育领域的实践应用方面的学术专著，本书揭示了我国高等教育思想理论领域的如下特征：一是强调理论体系与实践探索相结合，"理论篇"侧重于从全国层面对中国特色社会主义高等教育思想理论体系的整体架构展开论述；"实践篇"则重点对浙江省在中国特色社会主义教育理论的实践与探索过程中所创造的浙江模式、浙江经验进行梳理；通过将"理论体系构建"与"实践经验探索"相结合，加强对中国特色社会主义理论体系中关于高等教育思想理论体系的理解，同时对促进广大青年学生树立为中国特色社会主义事业奋斗的崇高信念，增进其对中国特色社会主义的道路自信、理论自信、制度自信和文化自信。二是突出国家战略部署与地区发展实际相统一，党和政府的领导核心在长期实践过程中，结合马克思主义基本原理与中国发展过程中出现的各种现实性问题，从宏观层面提出中国特色社会主义思想理论体系，并不断推陈出新、优化完善。浙江省为改善本省高等教育薄弱的基本现状，自20世纪末开始探寻中国特色社会主义指导下现代高等教育思想的总结、创新与探索，并应用于本省高等教育事业的发展，逐渐摸索、创造出一套具有鲜明特色的"浙江模式"与"浙江经验"，为我国社会主义高等教育思想理论体系的构建与发展作出了重要贡献。三是作为立足于地方性高等教育思想理论领域的专著，作者立足省情现状，具有浓郁的浙江特色与时代发展气息，以此更有效地服务于广大在校大学生较为真切地认识与理解我国高等教育思想理论体系的最新理论成果与实践经验，服务于他们当前乃至未来参与社会主义现代化建设与实现中华民族的伟大复兴，服务于他们热爱祖国、热爱家乡的思想道德行为与正确人生信念，为浙江率先实现共同富裕作出自己的贡献。

理论篇：体系建构

第一章 中国特色社会主义理论下的教育思想发展历程

第一节 中华人民共和国成立前近代中国教育思想变迁

五四运动爆发以来的新民主主义革命时期（1919—1949），是我国高等教育发展史上的重要时期。在这一时期，我国高等教育无论从办学体制还是教学管理体系而言，基本实现了现代高等教育的构建与定型，并且培养出了大量具有渊博学识与专业技能的高素质人才，为后续发展奠基了人才基础。然而，由于当时社会环境动荡，高等教育进一步发展缺乏稳定、健康的社会环境，高等教育事业也随之走向没落。为此，本文重点对我国高等教育发展史的定型期（1927—1949）的高等教育思想总体特征与变化趋势展开详细论述。

一、新中国成立前教育思想逐渐确立与定型的演变过程

我国近代高等教育思想萌芽于西方民主、独立、法治及自由等思

潮，特别是受到了法国启蒙运动的影响，更为确切地说，高等教育领域的崇尚独立办学、追求学术自由实则是民主与自由等理念在高等教育领域的集中体现。我国近代教育领域的独立运动兴起于五四运动之后，随着近代中国半封建半殖民社会的逐渐形成，社会各界人士尤其是青年一代对国家命运以及民族前途的忧虑与思考也日益强烈，大量仁人志士为探寻国家富强、民族振兴、人民幸福的道路而不懈奋斗。在这一过程中，高等教育的重要作用与时代意义不断被越来越多的人所认识。蔡元培于1916—1927年任北京大学校长，是我国近代教育独立运动的精神领袖之一，在教育界具有深远影响。他在1922年3月完成的《教育独立议》中开篇就明确提出："教育是帮助被教育的人，让他能够发展自己的能力，完成其人格，于人类文化上能尽一分子的责任。"在他看来，教育的核心是人，人是具有自主意识的能动存在，就其积极意义而论，人可以通过调动自身的主观意志力，按照自我的规划或部署，完成难以胜任的工作；同时也表现出一定程度的负面性，即当其自然兽性"爆发"，可以使人趋向野蛮，进而导致人具有明显的不完善性，甚至是劣根性，这就是人的双面性。除此之外，人是一切社会关系的总和，所以人也具有社会学特征。引导人成为健全的人，并尽量规避与降低人性中的不完善性便成为了教育特别是高等教育的重要使命与基本任务，这便是高等教育提倡独立思维、自由精神的基本内涵。蔡元培以"独立自由"为核心理念的高等教育思想贯穿他的一生，既是其一生在高等教育实践过程中的不懈追求，又是他对现代高等教育核心精神的个人领悟，并在这一核心思想的驱使下，成为北大校长后的他，指导参与高校现代化改造与管理，形成了当时北大学术璀璨、大师云集的繁荣景象，成为中国高等教育史上光彩夺目的重要一页。在参与高等教育的实践过程中，他提议实施"大学院制"，并设立"大学区"，希望借此实现高等教育领域从"官治化"向"校治化"的成功转型，达成其"教育经费独立、教育行政独立、教育思想独立、教育内容独立"的最终目标。1926年，国民政府决议通过组织大学院，任命蔡元培为大学院院长；次年7月4日，国民政府颁布并实施《大学组织法》，进一步明确了大学院的基本权责与工作范畴等重要内容。与此同时，1927年6月，由蔡元培等人主持、拟订《大学区组织条例》之后，1928年12月，国民政府又颁布并执行《修正大学区组织条例》，对大学区的设定等诸多内容进行了进一步规定。1928年10月23日，国民政府将大学院改为教育部，并于1929年7月5日正式命令本年暑假内废止北平（现为北京）和浙江两大学区。大学院制与大学区设置的废止，标志着当时高等教育领域的独立办学、管理，甚至可以理解为我国近代高等教育史上首次"去行政化"的思潮确立与实践探索遭受失败，我国近代高等教育发展的第一个"黄金阶段"戛然而止。造成这一后果的主要原因在于自1927年"四一二"反革命政变发生后，以蒋介石为首的国民党于当年4月18日在南京成立国民政府，且随着"七一五"反革命政变的发生和"宁汉合流"的开始以及随后的以蒋介石为首的多地军阀发动联合北伐和张学良主导东北"易帜"，使国民政府在形式上获得全国性统一，蒋介石在南京国民政府基本实现大权独揽，国民党政府在政治、经济、社会以及文化等方面的政策发生变动，并企图强化对全国范围内的政治、教育等各个行业的有效控制，因此在高等教育领域国民党政府也加强了独裁统治。基于这样的政策现状，加之大学院制与大学区的实施，在一定程度上妨碍了国民政府独裁统治的成效，故而被当局政府"叫停"，取其代之的是"三民主义"教育思想指导下的高等教育政策制定与具体教学的实践和开展。需要强调的是，上述三民主义已非孙中山先生提倡的"民族、民权、民生"三民主义，而是被为蒋介石所改造并且背离了孙中山原"三民主义"的基本精神。早在1924年3月，国民党"一大"在广州召开之际，孙中山就仿效苏俄的"以党治国"执政经验建立了以国民党为核心的国民政府，这种理念在教育界逐渐发展成为在教育领域的"党化教育"的观念，即将教育与国民党执政方针事业紧密结合。"党化教育"理论基础仍旧是孙中山先生所倡导的原"三民主义"，该主张是以"英、美式民主主义、中国传统文化以及苏联革命专政思想"相结合、衍变形成的中国资产阶级革命思想，通过"联俄、联共和扶助农工"政策加以贯彻实施，从而形成一整套符合革命、执政需求，并且结构相对完整的施政思想理论体系。由此推测，此时的孙中山已经在尝试并探索将"三民主义"与"共产主义"相融合，因此尽管以原"三民主义"理论为基础所制定的高等教育发展的根本性政策、法规等具有一定程度的党派意识和政治偏见，但也远没有将教育沦为"政治"强化的工具，教育狭隘化也远没有发展到限制其独立办学的局面，而仅仅为了通过教育来推进国民革命。然而，随着国民政府逐步走向独裁化，特别是在1927年后以蒋介石为首的国民政府发动震惊中外的反共政变，修订并不断抛弃孙中山先生所创立的"三民主义"执政纲领，破坏原"三民主义"作为一种革命动员型所必需的意识形态结构完整性，演化为其实现专制独裁的统治工具。在教育领域，也逐渐滑落至维护其反动政权的"思想工具"。1927年7月，国民政府教育部门颁布并实施《浙江省实施党化教育大纲》，提出"以国民党训练党员之方法训练学生，以国民党纪律作为各级学校的规约"，这正是政党思想教育抹杀学生个性、制造群性的直接体现，反映出中国近代高等教育事业发生转向，从此步入"至暗时刻"。因此以蔡元培等进步教育家所倡导的以"思想自由、兼容并包"为指导的高等教育理念受到了当局严厉的驳斥与反对，高等教育领域独立思想遭到了严重遏制。国民政府于1931年通过并实行的《三民主义教育实施原则》中，明确指示"高等教育的发展应以实科为主，要转向实用科学人才的培养"，进而导致高等教育严重偏离以"培养人的健全发展"的核心主旨，迈入具有严重政治意识导向、功利主义倾向的"重实业、轻思维"的畸形局面，从而使高等教育失去了最为重要"学术自由、校治自由"的现代教育精神，实质上反映了政党追求政治既得利益，过度干预教育发展而造成了不利影响。国民党反动派政府一直致力于以"为政党执政需求服务"的理念来控制当时高等教育事业的发展，直至1949年国民政府垮台。

二、民国晚期高等教育领域"实务化"转型与完善

自大学院制与大学区制改革试行失败后，1929年4月，国民政府颁发并开始实施《中华民国教育宗旨及其实施方针》，同年7月，国民政府再次颁布《专科学校组织法》和《大学组织法》两个高等教育的相关法律，并在8月配套发布《专科学校规程》和《大学规程》两个规程。《大学组织法》规定"大学应遵照一九二九年四月二十六日国民政府公布之中华民国教育宗旨及其实施方针，以研究高深学术养成专门人才"为大学教育根本宗旨，这与之前的"大学以教授高深学术、养成硕学闳材，应国家需要为宗旨"截然不同，由此也可以看出当局对高校教育的宗旨更趋向实科、应用以及政治需要，而对广博学问的追求则不再强调。专科院校的培养宗旨也由"专门学校以教授高等学术、养成专门人才为宗旨"转变为"专科学校应遵照民国十八年四月廿六日国民政府公布之中华民国教育宗旨及其实施方针，以教授应用科学养成技术人才"，突出对技术性技能人才的培养。高等教育根本宗旨的转向——趋向于应用型技术人才的培养，在一定程度上反映出政局干预高等教育的迹象。例如在制定教育法律、政策方针之时需明确"遵照"政治性批示。

然而，在大学教学管理方面，仍进行了一定的有益探索，并取得了一定成效。例如原《大学组织法》明确规定全国当时高等学校类型主要包括国立、公立（省立）和私立，这样高等学校的体系更加明晰，而且规定"凡具备三学院以上者，始得称为大学"，一改由"设二科以上者，

得称为大学；但设一科者，称为某科大学"造成的大学泛滥现象，同时也提升了大学的质量。1927 年 8 月公布的《大学规程》中指出"大学依《大学组织法》第四条之规定，分文、理、法、教育、农、工、商、医等各学院"，即将原来的设"科"改为设"院"，而且出现了教育学院，这对教育理论及实践的发展起到至关重要的作用。在学、系等课程设置方面，《大学规程》也作出"大学各学院或独立学院各科，依《大学组织法》第六条之规定，得分若干学系"的规定，而且"大学各学院或独立学院各科学生（医学院除外），从第二年起，应认定某学系为主系，并选定他学系为辅系"，同时对"大学各学院或独立学院各科课程，得采学分制"，这种系科设置，主、辅系制及学分制的引入反映了高等教育的现代化的学系建设，促进了高等教育迈向现代化发展的步伐。《大学组织法》提出"大学得设研究院"，1934 年 5 月，当时的教育部为了对研究院进行进一步建设，颁发了《大学研究院暂行组织规定》，其中指出"大学为招收大学本科毕业生，研究高深学术，并供给教员研究便利起见，得依《大学组织法》第八条之规定，设研究院"，并且研究院下分研究所。可见研究院的性质是为研究高深学术，同时也是为研究生教育打下了坚实的基础。1935 年 4 月 22 日，国民政府公布《学位授予法》，规定"学位分学士、硕士和博士三级"，同年 5 月 23 日教育部又公布了《学位分级细则》，从而使学位制度得以真正确立，并且有了专门的法律保障。这些关于高等教育的法令与规程的陆续出台标志着高等教育制度进一步充实与完善。可以说从 1927 年至 1935 年，高等教育的发展伴随着这些法令与法规而变得日趋稳定与成熟。然而，1937 年"七七事变"爆发，高等教育的基础设施遭受大肆破坏，北京大学、南开大学、浙江大学等学校被迫纷纷内迁至川、黔、云等地区。为此，国民政府对高等教育采取了一系列的应急措施。1937 年 8 月 27 日，国民政府颁布《总动员时督导教育工作办法纲要》，要求"战争紧迫时，各级教育要保持镇静，并且就地维持课务"。1938 年 4 月，国民政府制定了《中国国民党抗战救国纲领》，将战时教育政策调整为"改订教育制度及教材，推行战时教程，并且训练各种专门技术人员，予以适当的分配，以应抗战之需"，同时还制定了《战时各级教育实施方案纲要》，提出"教育目的与政治目的的一贯""自然科学依据需要迎头赶上，以应国防与生产之急需""社会科学取人之长，补己之短，对于原则应加以整理，对于制度应谋创造，以求适合于国情"等一系列政策对全国战时高等教育的发展及之后推行的高等教育制度均造成了极大影响。1938年 7 月，国民政府教育部根据《战时各级教育实施方案纲要》，又再次制定了《各级教育实施方案》，对于各级教育确定设施之目标与施教之对象，从高等教育方面提出"大学教育，应为研究高深学术培养能治学治事治人创业之通才与专才之教育，其农工商医等专门学院，应施行高深专门技术教育，养成高级技术人才"和"研究院为创造发明整理学术之机关，纯粹学术及应用学术之创造发明，应顾及国家需要，分别缓急先后，其应用学术之研究，应与主管教育机关及事业机关相联系，而以实际问题为对象"。1938 年 9 月至 11 月，国民政府教育部先后公布了《大学各学院共同必修科目表》对高校的公共基础课进行统一管理。1939 年 1 月，教育部颁发《特设各种专修科办法要点》对公、私立大学提出了附设专修科的规定；同年 5 月教育部又将高校的行政组织均分为教务、训育、总务三大板块，以便更好地实施管理；1939 年 6 月，教育部规定专科学校采用五年制，招收初中毕业生，以应战时社会发展之急需；1939 年 7 月，教育部颁布《设立临时政治学院办法》培养战时干部；1939 年 9 月，教育部颁布《大学先修班办法要点》对成绩次优的学生进行特殊照顾。1940 年 5 月，教育部制定了《专科以上学校学生学业成绩的考核办法》，1940 年 10 月，又公布《大学及独立学院教员资格审查暂行规程》，以此提升学校教师和学生的专业素质，从而进一步提高战时高等教育的质量。国民政府关于战时高等教育发展实施的上述一系列重要举措对战时高等教育资源、教员与学生的保护具有重要作用，使得当时我国高等教育事业即使处于战时环境下也依然未曾中断，甚至得以一定的发展，这对新中国建立后中国高等教育的迅速复苏与发展至关重要。

1945 年 8 月 15 日，抗日战争取得胜利，整个教育事业亟待振兴，国民政府迅速进行恢复和发展各级各类教育的工作。1945 年 9 月 20 日至 22 日，国民政府教育部召开了全国教育善后复原会议，分别对内迁教育机关复原问题、收复区教育的复原与整理问题进行详细部署，至 1947 年 4 月教育的复原工作顺利完成。1946 年 11 月国民党召开了国民大会，由于没有民盟和中国共产党的参加，大会炮制出了《中华民国宪法》，并自 12 月 25 日施行，于次年 1 月 1 日公布。在《中华民国宪法》的基础上，1948 年 1 月 12 日国民政府颁布并实施了新的《大学法》和《专科学校法》，这是国民政府制定的关于当时高等教育事业发展的最后两个重要法规，也充分体现了其深入对当时高等教育领域思想意识形态控制的基本导向。伴随着国民政府发动内战、迫害中共人士，继续实行专制独裁，不义之举遭到了全国人民的强烈反抗，同时其在国共战事上节节败退，政权已江河日下，无力回天，最终于 1949 年败亡，由此国民政府统治下的民国时期高等教育也随着国民政府的败亡而宣告终结。

总体而言，1927 年至 1949 年延续 20 余年的中国近代高等教育的定型阶段对中华人民共和国成立后高等教育事业，包括高等教育思想理论的长足发展具有进步意义，尽管国民政府为了巩固自身统治需要，强化了对高等教育领域思想教育的控制，但是这一时期出台的一系列高等教育改革与发展相关的重要法令、法规、政策性文件等，致使我国现代高等教育制度逐渐趋于完善与规范，高等教育事业具有必要的法律保障，并且制定实施了相对统一的规划，各类高等院校数量不断增加，办学规模也得以扩大，总体办学质量大幅提高，我国近代高等教育体系的建构与定型基本完成。

三、近代时局变动对当时中国教育事业的深远影响

国民党政府在形式上统一全国后，实际上当时还有不少地区仍处于地方军阀割据、政权林立的多重政治实体的不稳定状态。基于上述背景，国民政府处于自身政权统治利益的考量，为了巩固自身的统治地位，不断采取消灭异己、强化一党专政与思想控制等一系列加强中央集权的措施。高等教育领域作为思想活跃的学术自由圣地，国民政府逐渐加强对全国高等教育，特别是人文思想领域的控制权，不断加大对高等教育方面的整顿力度，以此强化实施对各类各地区高等院校的控制，以期把当时的大学作为其宣传统治思想与相应法令、政策的思想引导工具。国民政府对当时高等教育实施的强有力钳制，使得原本积极倡导"思想自由、学术自由、大学自治"的现代高等教育核心精神与根本宗旨遭受严重冲击，自由教育理念逐渐失去生存的"土壤"，教育自由和谐发展、崇尚自然、发展个性的教育观受到了严重阻碍。

南京国民政府建立以后，开始加快经济生产建设的步伐，由此需要大量的经济建设各行业的相关人才。然而，此时中国高等教育领域却偏重于文、法科，特别是多数高校以培养"硕学闳材"作为根本宗旨，工、农、商、医等实业科学与工程学科长期以来由于缺乏具有高水平教员、教材等教学资源匮乏等现实原因而并未并得到足够发展，进而导致高等教育与国家发展需求不能有效吻合。对此，国民政府为了有效解决并规避这一弊端开始尝试并积极探索对当时高等教育发展改革与整合，相继颁布一系列高等教育相关的法令政策，把高等教育以培养"硕学闳材"的办学宗旨逐渐转向至培养"专业人才"上来。高等学校的学科及

专业设置也更加注重实用科学的教学管理以及对学生专门生产技能和劳动习惯的培养，以期把学生培养成为参与社会生产建设的"工程师"。从某种意义上讲，国民政府对当时高校教育思想的改革与转向在一定程度上已然违背了以"发展人为核心"的高等教育的精神实质，特别是当时环境下我国高等教育尚处于起步阶段，过度追求高等教育的实用性造成其在人文素质培养上的不足。

国民政府取得政权之后，对教育领域实施了严格的思想控制，以"清党"名义限制师生言论、通信、行动等人身自由，并且还残酷地镇压了无数包括共产党员和青年学生等在内的持不同政见的人士。部分高校遭到查封，甚至取消办学资格，对学校办学管理事务加以强制干涉，并且将学校管理权限逐渐夺取、统一集中在国民政府手中；与此同时，在学校内设置严密的特务监视网络，在校师生的异见集会活动遭到残酷镇压。可以说，当时中国社会笼罩在国民党统治的"白色恐怖"之下，高校教育界也被充当为国民政府的"传声筒"。国民政府的这种严格控制思想、文化传播等有悖于历史发展的行为对我国近代高等教育发展、教育思想体系构建无疑造成了致命的打击，当时整个高等教育的发展在思想被禁锢、个性被扼杀的大环境中也失去了应有的活力，这无疑对我国整个高等教育长远发展造成了不良后果。

第二节　中华人民共和国成立初期
教育思想领域的探索

教育思想是人们对教育事业这一社会活动的全面认识，就其教学观念、教学方法、教学模式、教学环境等整个教学体系的系统性总结与高度概括，源于教育实践活动，反过来又指导教育实践。长期以来，我国教育思想的核心问题是"培养人"，主要回答"为什么培养人""培养什么人"和"怎样培养人"这一关于人才培养的关键性问题。教育作为社会大系统中的非常重要的子系统，其思想与社会发展及其实践变革具有十分密切的关联。中华人民共和国成立后以毛泽东为主要代表的中国共产党第一代中央领导集体在完成艰苦卓绝的抗日战争、解放战争伟大胜利之后，开启了中国近代史上最为光辉灿烂的一页——中华人民共和国成立。中国共产党领导全国人民开展了社会主义改造，社会主义工业化、农业化建设等伟大探索，并在思维意识领域思考并回答了"为什么培养人""培养什么人"和"怎样培养人"等重大思想理论问题，成功创立了马克思主义中国化之后首次理论创新——毛泽东思想，并对党和国家各项建设工作的实践指导与包括高等教育在内的各级教育系统的思想教育工作具有突出意义与地位。

一、全面学习苏联时期社会主义教育理论构建

中华人民共和国成立初期，由于当时中国面临国际资本主义阵营的孤立、打压，改革国内近代以来特别是民国建立的教育制度，建立新的教育制度是亟待解决的问题。党和政府在接办改造私立大学、取缔教会大学的同时，高等教育模式，甚至整个体系以苏联为榜样，全面接受并学习苏联模式，实行院系调整，以培养工业专门人才和师资队伍建设为核心内容，建立专门学院。这一时期，党中央所确立的高等教育思想主要集中在如下方面。

（一）为什么培养人

刚刚成立的中华人民共和国，当时人口众多，贫穷落后，应当如何迅速普及和发展教育，尤其是基础阶段的义务教育？首先使大多数人享

受适当的教育，还是优先培养工业化所需要的专才？在教育的功利主义和理想主义之间，如何保持恰当的平衡？毛泽东同志认为，党的思想政治工作中的一个重要任务是对新中国成立前的"旧知识分子"进行"团结、教育、改造"，它被视为事关教育领导权、巩固新政权的重大问题。教育改革应以迅速实现工业化、富国强兵为根本性目标。毛泽东同志称"思想改造，首先是各种知识分子的思想改造，是我国各个方面彻底实现民主改革和逐步实现工业化的重要条件之一"。为此，毛泽东同志在《为争取国家财政经济状况的基本好转而斗争》一文中要求全党"有步骤地谨慎地进行旧有学校教育事业和旧有文化事业的改革工作，争取一切爱国的知识分子为人民服务"。教育作为巩固新政权、贯彻新的意识形态的工具，中华人民共和国通过对教育系统的控制与改造，培养造就无产阶级知识分子。

（二）培养什么人

在社会主义建设这个总的社会主义根本任务框架下，毛泽东同志始终着眼于人民大众，重点是着眼于工、农群众等无产阶级阵营。新中国成立之初，教育不仅具有很强的革命意识，也具有很强的平民意识，延续着新中国成立前解放区的教育方针，十分重视教育平等的价值，强调教育面向大多数人开门，通过实行干部教育、业余教育、工农速成教育等多种途径使广大工农群众得以接受教育。1957年，针对当时思想政治工作减弱和照搬苏联经验的倾向，毛泽东同志尖锐地指出："没有正确的政治观点，就等于没有灵魂。"随后他在《关于正确处理人民内部矛盾的问题》一文中指出："我们的教育方针，应该使受教育者在德育、智育、体育几方面都得到发展，成为有社会主义觉悟的有文化的劳动者。"这一方针明确地指明了我国教育事业的工作方向，提出了社会主义建设对培养一代新人的必然要求。

（三）怎样培养人

由于当时我国社会主义革命是"以俄为师"的，革命胜利之后，文化教育应如何发展呢？1945 年，毛主席在《论联合政府》一文中提出："苏联创造的新文化，应当成为我们建设人民新文化的范例。"中华人民共和国成立后，在发展高等教育方面也陆续确定了"以俄为师"的基本方针。1950 年 5 月 22 日，教育部第一次临时部务会议上，首次邀请苏联专家阿尔辛节夫在会上介绍了苏联高等教育的基本任务和有关教育制度。1952 年，我国按照以俄为师的基本原则，对当时全国各主要高等学校的院系、专业设置及教学计划、教学大纲等进行了系统性全面调整。在此过程中，针对以俄为师出现的某些不顾中国国情、照搬苏联经验的问题，1956 年，毛泽东在《论十大关系》中，明确批评学习外国经验"一切照抄，机械搬运"的现象。

该时期发生的一项对于我国教育事业，特别是在高等教育领域具有重要意义的事件便是开展院系调整工作。由于新中国成立前对高等学校的院系设置极为混乱，不仅漫无规划，也存在着较为严重的人力、物力、财力浪费，而且与新中国建设发展对专业人才的迫切需求更是不相适应。针对这种情况，中共中央和人民政府在 1951—1953 年和 1955—1957 年，分两次对全国高等学校进行了大规模的院系调整，改变了高等学校的基本格局。随后是确立新的教学制度改革，中华人民共和国成立初期高等教育改革的任务，是要把半殖民地半封建性质的旧中国高等教育转变为由工农阶级领导的、为国家建设事业服务的新高等教育。这是一种关乎教育性质的彻底转变，涉及教育体制、教育内容、教学组织和教学方式等多个方面的变革。1952—1953 年和 1955—1957 年的院系整顿，调整了旧中国高校庞杂纷乱的结构，是教育体制上的变革。这种变革不仅满足了为国家培养各项建设人才的需要，而且更为下一步开展高校教学制度的改革奠定了基础。1953年8月，教育部在北京召开的全国高等工业学校行政会议给出了具体的方案："首先，设置专业，明确专业的培养目标，并根据培养目标拟定（或修订）教学计划；然后，根据教学计划中各课程的地位与作用，拟定（或修订）包括该课程目的、要求与内容要点的教学大纲；最后，根据教学大纲编写教材。"尽管苏联经验对新中国高等学校院系结构调整和教学制度改革的影响深远，但由于在实践活动逐渐出现的个别"水土不服"、改革成效甚微等问题，防止对教育领域的"全盘苏化"逐渐引起越来越多人的关注。另一方面，在学习苏联模式的同时，培养工农出身的领导干部、注重以马列主义和毛泽东思想为主要内容的思想政治课教育、实行部门办学的管理制度等老解放区的办学经验，同样对这一时期的教育改革发挥着重要的指导作用。在加强政治思想教育方面，毛泽东同志指出，学校"思想政治工作，各个部门要负责任。共产党应该管，青年团应该管，政府主管部门应该管，学校的校长教师更应该管"。1957年3月7日，毛泽东同志在普通教育工作座谈会上讲："要加强学校政治思想教育，每省要有一位宣传部长、一位教育厅长亲自抓这项工作。"另外，毛泽东同志倡导"教育必须为无产阶级政治服务"，并提出，教育要与社会主义政治经济相结合，要有步骤地谨慎地进行旧有学校教育事业和旧有社会文化事业的改革工作，恢复和发展人民教育事业，建立社会主义教育制度。毛泽东同志认为，在社会主义建设时期，教育离开政治，就会迷失方向；离开经济工作而谈教育或学习，不过是多余的空话。

二、动荡时期教育思想工作的转变

1958年4月，中央召开的教育工作会议，批判了照搬苏联的"无产阶级教条主义"。高等教育同全国各行各业一样，发展规模突飞猛进。1961年前后，根据中央关于"调整、巩固、充实、提高"八字方针，高等教育也进行了大幅度调整。在教育革命思想指导下，高等学校实行开门办学，取消招生制度，实行推荐制。这一时期，毛泽东同志的教育思想主要集中在如下方面。

毛泽东同志认为，教育作为意识形态领域的一个重要阵地，无产阶级不去占领，资产阶级和各种非无产阶级思想必然会去占领。因此，1958年，毛泽东同志在一次讲话中进一步强调："教育必须为无产阶级政治服务，必须同生产劳动相结合。劳动人民要知识化，知识分子要劳动化。"1963年5月在《人的正确思想是从哪里来的？》一文中，毛泽东同志又明确指出："人的正确思想只能从社会实践中来，只能从社会的生产斗争、阶级斗争和科学实验这三项实践中来。"

毛泽东同志是一个坚定的马克思主义者，一生都在为劳动人民的翻身解放而奋斗，所以他坚信教育不是培养精神贵族，而是要培养生产劳动者。1961年，《教育部直属高等学校暂时工作条例（草案）》（即"高教六十条"）颁布，对高等学校的培养目标作了前所未有的详细规定："高等学校学生的培养目标是：具有爱国主义和国际主义精神，具有共产主义道德品质，拥护共产党的领导，拥护社会主义，愿为社会主义事业服务、为人民服务；通过马克思列宁主义、毛泽东著作的学习和一定的生产劳动、实际工作的锻炼，逐步树立无产阶级的阶级观点、劳动观点、群众观点、辩证唯物主义观点；掌握本专业所需要的基础理论、专业知识和实际技能，尽可能了解本专业范围内科学的新发展；具有健全的体魄。"1964年，毛泽东同志提出了"五·七"指示和"七·二一"指示，提出学校"开门办学"，学生"兼学别样"，并发表了"大学还是要办的，我这里主要指理工科大学"的言论。无论是"五·七"指示还是"七·二一"指示，追求的都是一种理想化、大众化、贫民化的教育，提倡培养第一线的技术工人和有文化的农民，公开批评培养精神贵族的错误思想。

在"怎样培养人"这个关键问题上，根据毛泽东同志关于坚持群众路线发展教育事业的一贯思想，1958 年，中共中央、国务院《关于教育工作的指示》提出"发展人民教育事业'两条腿走路'的办学方针，其基本原则是三个结合，即统一性与多样性相结合，普及与提高相结合，全面规划与地方分权相结合"的原则，并对办学形式的多样化概括为 6个并举，即"国家办学与厂矿、企业、农业合作社办学并举，普通教育与职业（技术）教育并举，成人教育与儿童教育并举，全日制学校与半工半读、业余学校并举，学校教育与自学（包括函授学校、广播学校）并举，免费的教育与不免费的教育并举"。"两条腿走路"办学方针的提出，标志着我国探索出了一条适合中国国情的教育事业发展道路。毛泽东同志强调，以人民为主体的教育应为 90％以上的广大人民群众服务。为此，一方面，在 1958 年实施的教育改革中，实行了高考制度改革，放宽了对工农子弟进入大学的限制，开辟了保送入学的途径；另一方面，通过改革和缩短学制，下放各级教育的管理权限，强调利用多种方式、多种渠道发展教育。毛泽东同志主张通过发动群众，不仅要办正规的大学，也要办各种业余学校、职业技术学校以及半工半读的学校，甚至"学校办工厂，工厂办学校"，实行"全党办学""全民办学"。毛泽东同志试图创建非正规教育与正规教育互补结合的开放性教育体制，以最大限度地为工农子弟开门，扩大人民群众接受教育的机会。在教育与生产劳动相结合方面，毛泽东同志要求学校教育打开大门面向社会，使教育与生产劳动相结合。1958 年 1 月，毛泽东同志在《工作方法六十条（草案）》中指出："一切有土地的大中小学，应当设立附属农场，没有土地而邻近郊区的学校，可以到农业合作社参加劳动。"1958 年 9 月12 日，毛主席在视察武汉时又说道："学生自觉地要求实行半工半读，这是好事情，是学校大办工厂的必然趋势，对这种要求可以批准，并应给他们以积极的支持和鼓励。"1964 年 8 月 29 日，毛主席在接见尼泊尔教育代表团时又谈道:"最脱离实际的是文科,文科要把整个社会作为自己的工厂,师生直该接触农民和城市工人,接触工业和农业,不然,学生毕业用处不大。"

第三节　改革开放以来中国教育思想理论的发展

改革开放以来,在马克思主义理论指导下,中国高等教育思想发展史作为一个动态过程,与其他思想理论体系的发展脉络类似,我国高等教育思想理论体系也经历探索、形成和完善的动态演变过程。为此,从思想发展史演化角度考察改革开放以来中国特色社会主义高等教育思想的演进推动历史、梳理其发展轨迹,有助于深入探讨和研究改革开放以来中国特色社会主义高等教育理论的逻辑体系、基本内容和显著特征,进一步揭示其内在规律。以邓小平同志为主要代表的中国共产党人在我国思想领域领导并开展了拨乱反正和改革开放的伟大实践,完成中国特色社会主义理论的基本内容,成功打开马克思主义理论下高等教育思想工作建设与发展的新局面;以江泽民同志为主要代表的中国共产党人在社会主义市场经济体制建立、发展与完善的时代背景下,相继提出"一个中心,三个着眼于""两个坚定不移"等创新思想,成功开辟了中国特色社会主义教育思想理论体系的新境界;以胡锦涛同志为主要代表的中国共产党人在改革开放和社会发展进入整体推进的关键攻坚阶段,从指导思想、意识形态、政治保障等层面对全面推进中国特色社会主义教育思想繁荣发展进行了全面论述与实践;以习近平同志为主要代表的中国共产党人在全面建成小康社会的决定性历史阶段,提出着重从强化理论武装、创新教育内容和加强党内教育等层面推进中国特色社会主义教育思想理论体系的全面深化。

一、改革开放初期在思想教育领域的摸索与实践

改革开放以来，中国特色社会主义高等教育思想理论的基本确立发源于我国思想领域关于"拨乱反正"运动的开展和改革开放的伟大实践。党的十一届三中全会的胜利召开揭开了改革开放以来党关于马克思主义指导下中国特色社会主义高等教育思想发展的帷幕，是改革开放以来中国特色社会主义高等教育思想的逻辑开端，其中关于真理标准的大讨论的开展更是拉响了改革开放以来中国特色社会主义理论的先声。在改革开放和现代化建设的具体实践中，改革开放以来中国特色社会主义高等教育思想逐步形成基本框架，其理论体系也不断完善、丰满起来，并在社会主义高等教育建设和马克思主义理论中国化进程下日臻成熟，确立了中国特色社会主义高等教育思想理论体系的基本框架、核心要素与实现途径等关键要素。

（一）马克思主义指导下"拨乱反正"等大变革的全面铺开

伴随着 1978 年席卷中华大地的"真理标准"的全国性大讨论顺利进行，党中央、各级政府对我国当时思想领域和各行业内的冤假错案开始进行全面的拨乱反正工作。1978 年，邓小平发表《解放思想，实事求是，团结一致向前看》这一被后来誉为"开辟新时期新道路、开创建设有中国特色社会主义新理论的宣言书"的重要文章，以马克思主义者的科学态度和非凡胆略号召全党、全国人民不断解放思想、重新审视并对待马克思主义和毛泽东思想，首次把"实事求是"和"解放思想"提升至全党的思想路线的战略高度，同坚持马克思主义紧紧联系起来。这篇文章在真正意义上突破了"两个凡是"思想禁锢，为党的十一届三中全会的即将召开作了充分的舆论宣传准备。1978 年 12 月，党的十一届三中全会顺利在北京召开，全会高度评价"真理标准问题"的讨论成

果，重新确立"解放思想、实事求是"的思想路线，并一致通过把党的工作重心转向经济建设的国家战略发展的基本决策。这次在中国当代历史上具有划时代意义的会议是再次确立我国马克思主义理论下中国特色社会主义思想教育发展史上的里程碑，也是中国特色社会主义高等教育思想理论体系基本建立的重要标志。总而言之，此次会议的召开表明我国在马克思主义理论指导下在思想教育领域实现三大根本性转向：一是全党、全国人民在思想路线从"两个凡是"向"解放思想、实事求是"的根本转向，党的十一届三中全会恢复马克思主义的思想路线，把"解放思想、实事求是"重新确立为党的指导方针，为新时期中国社会主义现代化建设指明了发展方向、确立了思想路线；二是由"革命型"向"建设型"、由"以阶级斗争为纲"向"为社会主义经济建设服务"的马克思主义中国化思想理论体系的核心任务的转向，党的十一届三中全会彻底纠正了过去相当长的一段时间内以马克思主义思想理论教育充当革命斗争工具、为政治服务的教育目标，引导思想理论教育逐步转向服务经济建设、促进社会发展和人的全面发展的新轨道；三是由"封闭"向"开放"、由"固守成规"向"全面改革"的现代高等教育理论体系的教学思维的转向，在党的十一届三中全会精神的指引下，随着改革开放的深入推进，中国特色社会主义教育思想理论体系在内容上逐渐不断深化、创新，大量思想教育学界与相关实务界专家、学者都普遍认为，"三大转向"的实现标志着中国进入全面改革开放、经济建设的新阶段，同时也是中国特色社会主义教育思想理论体系的逻辑开端。在马克思列宁主义、毛泽东思想的指导下，中国共产党人通过对中国国家社会经济建设的全面实践的历史征途走向光明，同时也对于全球范围内社会主义制度处于历史低谷的国际环境下的中国特色社会主义思想理论建设具有重要意义。

党的十一届三中全会后，尽管在全国范围内的思想领域的某些错误思想得到了及时纠正，然而在思想教育界和社会上仍然残留着一定程度的错误倾向。1979年3月，邓小平同志在党的理论工作务虚会上发表《坚持四项基本原则》重要讲话，明确将"四项基本原则"作为国家发展的基本方针，并严肃指出："如果动摇了这四项基本原则的任何一项，那就动摇了整个社会主义事业，整个现代化建设事业。"此次会议强调坚持四项基本原则对于中国特色社会主义各项建设的极端重要性，并把"解放思想"与"坚持四项基本原则"统一起来，并置于同一重要位置，拉开了改革开放初期在中国特色社会主义现代化建设中以"实事求是、解放思想，坚持'四项基本原则'"作为指导思想，同时与资产阶级自由化思潮作坚决斗争的历史序幕。四项基本原则确立从某种意义上说，进一步明确了新的时期中国特色社会主义各项事业在实践发展过程中所必须坚持的基本政治原则，同时也为中国特色社会主义思想理论体系的确立与不断发展指明了正确道路与方向，并在之后的改革开放进程中成为以马克思主义为指导的中国特色社会主义教育思想理论体系的重要内容与根本宗旨。

通过上文的阐述可清晰看出，尽管随着党的十一届三中全会的成功召开，"解放思想、实事求是"的思想路线得以重新确立，为全国范围内全面"拨乱反正"提供了政治保障，随后"四项基本原则"提出进一步为开展"拨乱反正"工作提供指导依据，但是欲实现思想意识形态领域的彻底解放和中国特色社会主义理论体系的初步建立，党和政府面临一个难以回避的关键性问题，即实事求是地看待我们党的历史，科学总结中华人民共和国成立后，中国特色社会主义建设的探索过程中所取得的成绩、经验以及教训。如果这一关键问题得不到彻底解决，"拨乱反正"工作就难以完全完成，甚至会对社会主义现代化建设造成诸多不利影响。为此，党中央起草了《关于建国以来党的若干历史问题的决议》（以下简称《决议》），这一重要历史文件最终在党的十一届六中全会上顺利通过。《决议》不仅正确区分了中华人民共和国成立以来在国家政治、经济、社会等各项事业发展中实行的正确与错误路线，而且科学地论述了毛泽东思想的理论体系和历史意义，客观评价毛泽东同志在中国革命事业和国家建设中所应有的历史地位，为全国人民从根本上认识毛泽东思想扫除了障碍；其次，该《决议》的通过标志着党中央在思想领域上彻底地实行"拨乱反正"取得了关键突破，预示困扰全党和各族人民的思想困惑被彻底揭开，同时表明有关毛泽东思想的研究总结与继承发展进入了一个崭新的历史阶段。党的十一届六中全会之后，全国人民再次紧密围绕在马克思列宁主义、毛泽东思想的理论旗帜之下，实现了思想的空前团结，这既为新的历史时期下全国各项事业的开展由传统迈向现代的平稳对接提供重要的思想指导，同时也为今后中国特色社会主义理论体系构建与现代化建设的伟大实践指明了方向。

（二）改革开放进程下中国特色社会主义理论的探索积累

党的十一届三中全会以后，我国开启了改革开放和现代化建设的新征程。改革和建设的伟大实践呼唤马克思主义、毛泽东思想不断与时俱进、推陈出新。在新的历史时期，以邓小平同志为主要代表的中国共产党人展开对指导思想等在内的一系列理论与实践探索。就"什么是社会主义、怎样建设社会主义"这一核心问题，在深入推进改革开放和现代化建设的伟大实践中进一步创建并深化中国特色社会主义理论，最终形成包括高等教育思想理论在内整个理论体系的基本轮廓和科学框架。

从 1978 年至 1982 年，是我国改革开放和现代化建设初步探索的起步阶段。在改革开放之初，党中央首先立足于现代化建设的战略全局，明确提出"实现四个现代化根本的是要学习马列主义、毛泽东思想，要努力把马克思主义的普遍原理同我国实现四个现代化的具体实践结合起来"，突出强调马克思主义在社会主义现代化建设中的指导地位。在此基础上，党中央还高度重视经济工作在中国特色社会主义教育思想领域中的基础性地位，指出"政治工作是要做的，而且是要好好地做。但是，政治工作要落实到经济上面，政治问题要从经济的角度来解决……马列主义、毛泽东思想的基本原则，我们任何时候都不能违背。但是，一定要和实际相结合，要分析研究实际情况，解决实际问题"，反复强调中国特色社会主义思想理论教育必须坚持以经济建设为中心，并且服从和服务于经济建设。因此，在改革开放初期，为使改革开放的思想理念切实深入人心，这一期间的马克思主义理论教育便加强对党的基本路线、方针、政策的宣传教育活动，致力于全面形成有利于推进改革的舆论环境；伴随改革率先从农村家庭联产承包责任制的试点开始，为切实推行农村家庭联产承包责任制的贯彻落实，1979 年 9 月党的十一届四中全会颁布《关于加快农业发展若干问题的决定》，1980 年 5 月邓小平同志发表《关于农村政策问题》的重要文章，通过理论宣传着重从生产力、生产关系的角度宣传普及农村家庭联产承包责任制的相关知识，讲明"在生产队领导下实行的包产到户是依存于社会主义经济，而不会脱离社会主义轨道的"。伴随改革从农村向城市逐步深化，理论教育又围绕 1979 年中央工作会议对城市经济改革的决定，积极宣传普及扩大企业自主权、"以计划经济为主、市场调节为辅"等一系列涉及经济建设的政策。另外，这期间，在高等教育领域还遵循邓小平同志提出的"物质鼓励与精神鼓励相结合"的教育原则，实行精神鼓励为主、物质鼓励为辅的方针，密切结合现代化建设的具体工作以及在各领域广泛开展实践活动。

1982 年至 1987 年，是我国改革开放深入推进的又一个新阶段。这期间中国共产党立足于全面改革的具体实践高瞻远瞩地构思和提出一系列颇具中国特色教育思想理论，使得当时在教育行业思想教育工作进展顺利，取得了一定的成效。上述思想观念主要包括以下几点。一是强调理论教育是我们党全面发展与实施各项建设事业的真正优势。邓小平同志全面回答了当时社会上普遍存在的质疑："现在我们是在建设，最需要学习专业知识和管理知识，学马克思主义理论有什么实际意义？"，反复强调理论指导"无论过去、现在和将来，这都是我们的真正优势"；二是提出"建设型"教育指导模式，1982 年，邓小平同志在中国共产党第十二次全国代表大会上首次提出"建有中国特色社会主义"这一科学命题，并深刻指出"中国特色社会主义"的实现途径是"把马克思主义的普遍真理同我国的具体实践结合起来，走自己的道路，建设有中国特色社会主义，这就是我们总结长时期历史经验得出的基本结论"，明确提出新的时期内包括高等教育在内的各类教育的思想理论依据就是中国特色社会主义建设理论，主要任务是将这一建设理论切实贯穿于改革和建设的各领域，调动一切力量支持和参与社会主义建设。至此，困扰我国近 30 年的思想教育领域彻底抛弃了"假、大、空"的务虚错误思维，转向"全面建设社会主义现代化事业"的理性务实思维。在中国特色社会主义理论的指导下，伴随着全面深化城市经济改革的进程，各级部门依据《中共中央关于经济体制改革的决定》等重要指示，开展并引导全国人民突破对计划经济制度与市场经济制度相对立的传统认识，并且阐明实行对外开放、全面改革，参与国际合作和竞争是现代化大生产的必然要求。另外，全国在教育领域确立培育"四有"新人的教育目标，1985 年邓小平同志在全国科技工作会议上集中概括和提炼出培养"四有"新人的教育目标，并将马克思主义关于人的全面自由发展的目标纳入"四有"新人的培育机制，以增强中国特色社会主义教育思想理论实施的针对性；同时，初步论述整体教育和分层教育相结合的工作机制，重点强调思想教育工作不但"要针对每个单位、每个人的不同情况去做"，同时还全面覆盖军队、企业、学校和农村等社会各个群体，从而"加强我们工作中的原则性、系统性、预见性和创造性"。由此看出，中国共产党第十二次全国代表大会的胜利召开，从某种意义上表明我国改革开放正逐步深入推进、经济建设成果已经开始显现，中国特色社会主义理论体系也基本确立、日趋成熟。

1987年到1992年，改革开放和现代化建设的各项工作进入了深度发展的历史时期。随着改革和建设的深入推进，其间长期困扰着人们正确认识改革开放的根本性问题及传统社会主义理论中没有涉及的新问题和新现象正逐渐凸显，对此党中央对思想政治教育的中心逐渐转向"释疑解惑"和"排忧解难"等方面，即把人民群众最为关注或深感困惑的热点、难点、疑点问题作为重点议题加以深入探讨，并将得出的正确结论作为理论教育的重点内容开展宣传讲授，从而切实增强中国特色社会主义制度对于人民群众的亲和力，这也是这个阶段思想教育领域最为鲜明的特征。1987年10月，中国共产党第十三次全国代表大会系统地阐释了关于社会主义初级阶段的理论和党的基本路线。在这之后，围绕党的十三大会议精神深入开展社会主义初级阶段理论教育和党的基本路线教育成为思想领域工作的中心内容。1992年初，邓小平发表"南方谈话"，用"实话""白话"对长期以来困扰人们思维领域的诸多问题，如科学技术与经济发展的关系等重大问题进行了全面的总结论述。"南方谈话"既具有理论层面的深刻内涵，体现出当时环境下中国共产党人的巨大智慧，又存在实践过程中现实性和可操作性，是邓小平理论日臻成熟的集大成，更是在大力发展社会主义市场经济建设的时代背景下为全国人民群众提供的关于答疑解惑和思想教育实践的重要纲领。在邓小平"南方谈话"重要精神的指引下，全国各级教育思想理论工作也随之迈入"与现代化建设相适应的更高的平台上去"。譬如，社会主义本质论的提出，要求从立足于中国特色社会主义本质的战略高度去创新发展理论教育思想，从目的和手段相统一的角度把握理论教育的职责和使命。由此可见，党的十三大的胜利召开和邓小平"南方谈话"的发表为新时期中国特色社会主义教育理论体系的内容设计、实现路径和方法选择等诸多方面提供了现实依据。

（三）改革开放过程中马克思主义理论体系的恢复与发展

中国共产党人及普通民众对于马克思主义理论的认识与研究由来已久。早在"十月革命一声炮响，给中国送来了马克思列宁主义"的20世纪前20年，陈独秀、李大钊等有识之士就开始尝试运用马克思主义基本原理去思考、解决中国问题，并在长期的中国革命生涯中逐渐形成颇具中国特色的马克思主义教育与学习热潮。改革开放以来，随着马克思主义理论体系逐渐确立并取得深入发展，吸收了毛泽东思想、邓小平理论等重要思想，马克思主义理论体系的科学性和学科性构建问题日益凸显，为此，中国共产党适时提出了推进马克思主义理论体系科学化和学科化建设的思想，成为创建中国特色社会主义理论的重要依据。

1979年，在党的工作理论务虚会上，邓小平在深刻阐释马克思主义理论教育任务目标的基础上，针对马克思主义理论体系的科学化问题作了明确说明，指出马克思主义理论教育的科学化是以其自身的政治特性为逻辑前提的，并进一步指出"马克思主义的思想理论工作是不能离开现实政治的……不能设想，离开政治的大局，不研究政治的大局，不估计革命斗争的实际发展，能成为一个马克思主义的思想家、理论家……"；另一方面，邓小平以"四项基本原则"为例，强调指出"理论创新是马克思主义理论教育永葆生机活力和科学性的前提和动力"，还指出四项基本原则"在目前的新形势下却都有新的意义，都需要根据新的丰富的事实作出新的有充分说服力的论证。这样才能够教育全国人民、全国青年、全国工人、解放军全体指战员，也才能说服那些向今天的中国寻求真理的人们。这是一项十分重大的任务，既是重大的政治任务，又是最大的理论任务。这绝不是改头换面地抄袭旧书本所能完成的工作，而是要费尽革命思想家心血的崇高的创造性的科学工作"。随后，在邓小平的这些重要思想指引下，中国学术界、思想界以及教育界人士相继展开关于马克思主义理论体系建设科学化问题的大讨论，有关"马克思主义理论教育是一门科学""马克思主义理论教育工作是科学性、政治性和政策性很强的工作"等重要论断层出不穷，极大地丰富了当时我国马克思主义理论体系的创建与完善。这一时期内关于马克思主义理论体系科学化问题的新探索、新论点不仅为马克思主义理论体系的深化发展奠定坚实的认识基础，也为马克思主义理论教育迈入学科化发展轨道提供重要思想支撑，吹响了马克思主义学科建设的时代号角。

伴随对于马克思主义理论体系科学化认识的不断加深，马克思主义理论教育学科化建设逐步提上日程并得到深入发展。20 世纪 80 年代以来，我国开始陆续在全国范围内各级、各类学校开设思想品德课，在高校设立马克思主义理论专业，并同时设置相关思想政治教育课程。1980年，教育部明确规定，各高等学校无特殊原因都应该建立马列主义教研室，高等学校的马列主义教研室属于系处级的教学单位，应直属校党委领导。1984 年 9 月，中宣部、教育部联合发出《关于加强和改进高等院校马列主义理论教育的若干规定》，突出强调马克思主义理论教育在高等教育中的地位和作用。1985 年 8 月，中共中央下发《关于改革学校思想品德和政治理论课程教学的通知》，对全国中小学和高校政治理论课的教学内容、教学方法和师资队伍等提出全面部署与要求，是新形势下我国教育领域学校马克思主义理论课的纲领性文件。另外，为加强马克思主义理论课建设，教育部还根据邓小平同志在理论务虚会上的讲话精神，组织一批教学经验丰富的教师编写"国际共产主义运动史""辩证唯物主义与历史唯物主义""政治经济学""中国共产党历史"四门马列主义理论课的教学大纲，供 1979 年高等院校新学期新生试用。1980年 6 月到 9 月，教育部先后委托各科研单位和高等学校编写了四门马克思主义理论课的教材，共计 17 种版本。1981 年 1 月，教育部又在北京召开高等学校政治理论课教材研讨会，针对四门课程的 17 种教材的核心内容、存在问题以及改进措施展开深入探讨，最后提出相应的修订意见，并将新修改的教材出版供 1981 年全国各高校秋季开学的新生使用。这就为马克思主义理论体系的建立与发展搭建了有力的学科平台，同时也为马克思主义理论指导下中国特色社会主义教育提供学科支撑。随着马克思主义理论体系学科化建设的逐步推进，马克思主义理论教育逐渐趋于制度化、规范化和程序化，这为中国特色社会主义高等教育思想理论体系的确立与发展作出了重要贡献，可以说改革开放初期在运用马克思主义基本原理进行经济建设、社会发展的同时，极大地促进了中国特色社会主义理论的形成与构建，并为我国高等教育思想理论的最终确立发挥了重要作用。

（四）马克思主义理论在社会主义精神文明建设中的运用

在新的时代召唤下，以邓小平为主要代表的中国共产党人在把党和国家各项工作的重心转移至经济建设，并在不断加强社会主义物质文明建设的同时，还从全局出发郑重提出建设高度发达的社会主义精神文明的战略任务，并从两个文明的辩证关系的角度强调坚持马克思主义基本原理和加强马克思主义理论指导对于中国改革开放和现代化建设的强大精神动力作用。

"社会主义精神文明"这一概念是由叶剑英在 1979 年 9 月发表的《在庆祝中华人民共和国成立三十周年大会上的讲话》中首次提出的。叶剑英同志指出："我们要在建设高度物质文明的同时，提高全民族的教育科学文化水平和健康水平，树立崇高的革命理想和革命道德风尚，发展高尚的丰富多彩的文化生活，建设高度的社会主义精神文明。"1982 年 9 月，党的十二大报告中又进一步从"努力建设高度的社会主义精神文明"的战略高度对社会主义精神文明建设展开系统论述，把社会精神文明建设集中概括为"文化建设"和"思想建设"两大核心内容，突出强调"思想建设决定着我们的精神文明的社会主义性质，它的主要内容是工人阶级的、马克思主义的世界观和科学理论，是共产主义的思想、信念和道德"，从而把对马克思主义基本原理、主要理论、核心目标以及实现方法等重要内容列为思想建设的主要议题和核心内容。根据党的十二大精神，1986 年 9 月党的十二届六中全会通过的《中共中央关于社会主义精神文明建设指导方针的决议》，进一步提出"作为工人阶级的科学世界观和全人类精神文明的伟大成果的马克思主义，是社会主义事业和党的领导的理论基础，是社会主义意识形态的最重要的组成部分，对整个精神文明建设起着重大的指导作用。我们的理想建设、道德建设、文化建设、民主法制观念建设，都离不开马克思主义的指导，离不开马克思主义的理论建设"，着重从社会主义精神文明建设总体布局的战略高度，系统阐明马克思主义理论体系的指导意义，最终确立马克思主义理论教育在社会主义精神文明建设的基础性、根本性战略地位，将新时期马克思主义理论体系发展推向一个新的高度。

党中央在从思想上高度重视马克思主义理论教育在社会主义精神文明建设中的战略地位的同时，还在社会主义精神文明建设的实践过程中积极加强理论教育工作。例如，1981—1983 年，中央连续三年倡导开展"五讲、四美、三热爱"的主题教育实践活动，扎实地开展建设城乡文明的活动。通过上述实践活动把马克思主义理论的核心思想引入到群众文化工作、学习等日常生活之中，引导人们在实践过程中自觉践行各种道德观念，从而真正实现社会道德秩序的重建和人民精神面貌的转变。此外。在积极开展"五讲、四美、三热爱教育"的同时，党中央还高度重视对青年一代世界观、人生观和价值观的思想道德教育、集体主义和爱国主义教育、共产主义理想教育；为引导广大党员干部和人民群众树立正确的人生观和价值观，在毛泽东发出"向雷锋同志学习"的号召 20 周年之际（1983 年），党中央和相关部门先后开展向雷锋、张海迪和朱伯儒等英雄人物学习的活动；为使人生观和价值观教育科学化和制度化，党中央相继出版《刘少奇选集》《周恩来选集》《学哲学用哲学》《辩证法随谈》和《邓小平文选》等无产阶级革命家的通俗著作，并将其作为新时期马克思主义理论体系的学习指导，并在潜移默化中对广大党员和人民群众进行以世界观、人生观、价值观和共产主义理想信念为主体内容的马克思主义基本理论教育，以切实提升人民群众的思想道德素质、政治安全意识以及爱国主义情感。总之，通过上述阐释可以得知，这一时期内社会主义精神文明建设的提出与贯彻落实不仅确立了马克思主义理论在思想政治教育领域中的战略地位，旗帜鲜明地规定了马克思主义理论教育工作的根本指向，而且为当代马克思主义理论的不断发展、与时俱进营造了良好社会氛围、增添了丰富的创新性内容。

二、建设市场经济体制阶段思想领域的开拓创新

1992 年，邓小平发表了"南方谈话"。同年 10 月，中国共产党第十四次全国代表大会召开，中国步入建设社会主义市场经济体制的新的发展阶段。随后，以江泽民同志为主要代表的中国共产党人在深化改革、扩大开放和加快建设的发展进程中，把马克思主义理论提升到思想的、政治的、战略的高度，紧密结合世情、国情和党情的客观实际，创造性提出"三个代表"重要思想，并在此基础上相继提出"一个中心，三个着眼于""两个坚定不移""两个不能含糊""两个统一起来"三个结合新的思想政治理论内容，成功开辟马克思主义教育发展的新境界，把邓小平时期中国特色社会主义理论发展到一个崭新高度，为中国特色社会主义思想教育工作的深化发展提供了重要理论政策依据。

（一）确立"邓小平理论"在党内思想教育的历史指导地位

20世纪90年代前后，国际形势发生重大变化，伴随东欧剧变、苏联解体，世界社会主义运动进入低谷时期。以江泽民同志为主要代表的中国共产党人受命于重大历史关头，明确提出"旗帜问题至关重要"，坚定地指出中国一定要高举邓小平理论伟大旗帜不动摇，反复强调"当代中国，有了这面旗帜，有了这个精神支柱，一个有5千万党员的大党才会有更加坚强的战斗力，一个有11亿人口的大国才会有更加强大的凝聚力"，"这就是我们的主心骨，有了这个主心骨，我们就能任凭风浪起，稳坐钓鱼船"。正是在这一重要思想的指导下，从1992年邓小平的"南方谈话"精神的宣传普及，到党的十四大之后邓小平建设有中国特色社会主义理论的贯彻落实，再到中国共产党第十五次全国代表大会之后邓小平理论的学习贯彻，这一时期党内马克思主义理论教育始终围绕邓小平理论开展宣传普及活动，不断掀起学习贯彻邓小平理论的新高潮。

1992年初，面对东欧剧变和国内政治风波对中国特色社会主义建设事业所造成的空前巨大的外界压力以及人们对中国前途命运的种种质疑、揣测和隐忧等国内情绪的爆发，邓小平先后赴上海、深圳、珠海等多地视察，开始具有重大现实意义和深远历史意义的南方之旅，并发表一系列重要谈话。邓小平"南方谈话"之中所探讨的中心议题便是如何在改革开放和现代化建设进程中深入贯彻党的"一个中心，两个基本点"基本路线，抓住时代发展机遇，集中人力、物力和财力把经济建设搞上去。这次谈话具有很强的思想性、理论性、前瞻性和指导性，既是邓小平对中国改革和建设实践的深刻总结，是邓小平对建设中国特色社会主义理论最为集中完整的表述，更是开创我国改革开放和现代化建设发展新阶段的时代宣言。1992年2月，党中央正式将邓小平"南方谈话"

以中央文件形式向全党下发，号召全体党员干部深刻学习把握、全面贯彻落实邓小平"南方谈话"重要精神。文件一经发出，从中央到地方就迅速形成宣传普及、学习贯彻邓小平"南方谈话"精神的热潮。1992年3月，中央政治局召开会议高度肯定邓小平"南方谈话"精神并将其上升为党的意志。随后，党的十四大报告中再次深刻指出："邓小平同志今年初视察南方的重要谈话，极大地鼓舞了全党同志和全国各族人民。广大干部和群众思想更加解放，精神更加振奋，上下团结一致，到处热气腾腾，进一步展现出中华民族实现伟大理想的壮丽前景。"邓小平"南方谈话"精神的深入学习与贯彻，对于廓清改革和建设进程中的种种思想困惑、深入推进马克思主义思想政治教育具有深远意义。

1997年9月，党的十五大召开召开。党的十五大报告中正式将"邓小平建设有中国特色社会主义理论"命名为"邓小平理论"，并将其与马克思列宁主义、毛泽东思想一起作为指导我们党前进的旗帜正式确定为党的指导思想，写入党章。以此为开端，学习贯彻邓小平理论随之成为这一阶段马克思主义教育的主要任务和核心内容。

（二）"三个代表"重要思想的创立及其对思想教育的意义

世纪之交的中国面临着各方面的严峻考验，作为社会主义事业领导核心的中国共产党人必须通过强化自身建设肩负起新的历史使命，以此战胜并克服社会主义现代化建设中各类艰难险阻。正是在这种形势下，以江泽民同志为主要代表的中国共产党人高举邓小平理论伟大旗帜，在不断总结实践经验和加强理论反思的同时，坚持从时代变化和实践发展的客观实际出发，以推进党的建设、新的伟大工程为新的起点，紧紧围绕"建设什么样的党，怎样建设党"这一核心问题，创造性提出了"三个代表"重要思想，采用通俗易懂的语言表现形式发展创新马克思主义，极大丰富了中国特色社会主义理论体系，指明了新形势下党的根本任务。因此，可以这样理解，从邓小平理论历史地位的最终确立到"三个代表"重要思想的提出，以江泽民同志为主要代表的中国共产党人始终不遗余力地推动了中国特色社会教育指导思想和教育内容的发展创新。

2000 年至 2001 年上半年，这是党中央明确提出并进行全面阐述"三个代表"重要思想的关键时期。2000 年 2 月江泽民在广东省考察工作时首次明确提出"三个代表"重要思想，他指出"总结我们党 70 多年的历史，可以得出这样一个结论：我们党所以赢得人民的拥护，是因为我们党在革命、建设、改革的各个历史时期，总是代表着中国先进生产力的发展要求，代表着中国先进文化的前进方向，代表着中国最广大人民的根本利益"。

"三个代表"重要思想的提出，在深化"什么是社会主义、怎样建设社会主义"认识的基础上，第一次从理论上科学回答了"建设什么样的党，怎样建设党"的重大历史和现实课题，既丰富、发展了邓小平有关社会主义建设的理论，又创造性地推动了马克思主义党建理论的重大发展，深刻揭示出新的历史条件下中国共产党的执政规律、社会主义建设的规律和人类社会发展的规律，使人们对于马克思主义、中国特色社会主义的认识升华到新境界。"三个代表"重要思想是中国共产党人实践科学马克思主义观的思想结晶，是中国化马克思主义的重要组成部分，用新鲜经验和新的理论观点深化拓展了马克思主义理论教育的指导思想。这既是新形势下我们党对马克思主义教育规律认识的深刻反映，也是党对马克思主义教育的时代性、实践性的深刻把握。

（三）社会主义市场经济体制改革下思想教育体系的重塑

社会主义现代化建设是中国社会文明进步的基础，也是新时期中国特色社会主义思想理论体系的现实基础。20 世纪 90 年代以来，在邓小平"南方谈话"和党的十四大精神的科学指引下，伴随改革开放的全面深入发展和社会主义市场经济体制的逐步建立，中国特色社会主义思想教育工作也相继进入"与现代化建设相适应的更高的平台上去"。如何基于面向建立、发展和完善社会主义市场经济体制的时代新的需求，既适应市场经济的要求、合理回答社会主义经济体制改革中传统社会主义理论所没有解答或无法解释的新事物、新现象，又超越市场经济的物质利益价值，引导市场经济主体逐步树立与社会主义社会相适应的伦理精神和价值观念，已经成为马克思主义、中国特色社会主义理论教育面临的首要课题。正是基于这种新情况和新任务，以江泽民同志为主要代表的中国共产党人紧密围绕社会主义市场经济体制改革塑造中国特色社会主义思想理论体系新的语境，努力寻求中国特色社会主义理论与社会主义市场经济体制改革两者之间的契合点，积极引导人民群众科学看待社会主义制度与市场经济之间的关系，正确认识我国的基本经济制度和分配方式，逐步树立与发展社会主义市场经济相适应的新思想和新观念。可见，这一时期围绕社会主义市场经济体制的建立重塑思想政治教育新的语境，保证社会主义市场经济体制改革的正确方向，是中国特色社会主义理论思想教育发展创新的鲜明特点。

20世纪90年代之后，为适应社会主义市场经济体制的深刻变革，中国特色社会主义理论教育的话语主体重点转向至党在十四大以后制定的一系列重大经济方针、经济路线和经济政策上。1993年11月，党的十四届三中全会通过《关于建立社会主义市场经济体制若干问题的决定》（以下简称《决定》），对社会主义市场经济体制改革和建设的总体目标进行全面战略部署，提出包括农村改革、企业改革、市场体制改革、宏观调控体系改革、收入分配和社会保障体制改革等在内8个方面的改革内容。《决定》通过对党的十四大确定的经济体制改革目标进行具体化和系统性全面解读与细化，形成建设有中国特色社会主义市场经济体制的总体规划，是新时期指导中国特色社会主义理论教育动员全国人民投身经济体制改革的总纲领。1997 年 9 月，党的十五大进一步确立社会主义初级阶段的基本经济制度和分配制度。伴随经济体制和分配制度的深刻调整和转变，如何引导人们正确理解和把握我国新的基本经济制度和分配制度随之成为中国特色社会主义理论教育的重要内容之一。2001 年，江泽民在庆祝建党八十周年大会上的讲话中明确提出，劳动、管理、技术和资本等要素都是创造财富的源泉，社会主义市场经济要引进新的劳动观和财富观，根据这些要素在财富创造过程中的贡献进行利益分配。2003 年 10 月，中国共产党第十六届中央委员会第三次全体会议通过《中共中央关于完善社会主义市场经济体制若干问题的决定》，突出强调建成完善的社会主义经济体制是对全党新的重大考验，具有重大现实意义和深远历史意义。可以说，从《关于建立社会主义市场经济体制若干问题的决定》初步提出社会主义市场经济体制改革的目标，到《关于完善社会主义市场经济体制若干问题的决定》着重强调完善社会主义市场经济体制，中国共产党人在构建社会主义市场经济体制过程中系统回答了"什么是社会主义市场经济""怎样建设社会主义市场经济"等一系列重大理论和实践问题，不断调整和解答了生产资料所有制与生产力发展、利益分配之间的新矛盾、新问题。这些都为新时期强化中国特色社会主义理论教育，使广大群众充分认识社会主义市场经济体制对于马克思主义经济理论的突破创新，进而使市场经济体制改革理论逐渐深入人心提供了强有力的理论支持和话语支撑。

伴随我国社会主义市场经济体制建设不断推向深入发展，经济体制的变革同时也导致国内政治、文化、社会生活的全方位变革，使"社会经济成分和经济利益多样化、社会生活方式多样化、社会组织形式多样化、就业岗位和就业方式多样化日趋明显"。这"四个多样化"新趋势的出现给中国特色社会主义理论教育工作带来了大量的新问题。

面对社会主义市场经济体制改革背景下中国特色社会主义理论教育社会环境的激变，以江泽民同志为主要代表的中国共产党人相继提出"三个结合""四以""四个如何认识"等新的论断，不断为强化理论教育提供坚实的理论政策依据和话语支撑，进而增强理论教育的说服力和战斗力。江泽民同志指出，要在社会主义经济体制改革进程中通过马克思主义理论教育引导人民群众统一思想、达成共识，不仅要以邓小平理论为根本指针，而且必须坚持"以科学的理论武装人，以正确的舆论引导人，以高尚的精神塑造人，以优秀的作品鼓舞人"。"四以"具有较强的现实针对性，是新时期推进中国特色社会主义理论教育发展的重要指针。就"三个结合""四个如何认识"重要思想而言，这是江泽民在 2000 年中央思想政治工作会议上的讲话中针对当时广大干部群众关心的重大思想理论问题而提出的。他不仅把人们普遍关注的思想理论问题集中概括为"四个如何认识"，即"如何认识社会主义发展的历史历程，如何认识资本主义的发展历程，如何认识我国社会主义改革实践过程对人们思想的影响，如何认识当今的国际环境和国际斗争带来的影响"，而且深刻指出要科学解答"四个如何认识"问题就必须遵循"三个结合"，即"要紧密结合国内外形势的变化，紧密结合我国社会生产力最新发展和经济体制的深刻变革的实际，紧密结合人民群众对物质文化生活提出的新的发展要求，紧密结合我们党员干部队伍发生的重大变化"。"四个如何认识"和"三个结合"的提出，从不同视角点明新时期思想教育工作的核心和重点，为推进思想教育指明了新的前进方向，提供了坚实的现实理论基础。其间，它们连同"两个统一起来""四以"成为各级学校思想教育核心话语。

三、21 世纪初期教育思想方面的蓬勃发展

进入 21 世纪以来，伴随我国改革开放和经济社会发展整体进入全

面推进的历史关键时期，在政治、经济、文化和教育等领域多样性、复杂性矛盾亟待有效解决与合理处理，涉及多个不同利益主体的多样化利益关系也亟须统筹兼顾，多元化思想文化思潮也亟须系统整合。因此，面对新世纪新阶段所出现的、层出不穷的新情况、新问题、新趋势，以胡锦涛同志为主要代表的中国共产党人高瞻远瞩、审时度势，明确提出全体党员、全国人民要进一步加强中国特色社会主义理论作为具体实践的指导依据，推动对当代中国马克思主义大众化、现代化的深入发展，用马克思主义凝聚力量、指导实践。为全面提升马克思主义理论教育的实效性，坚持"思想上不断有新解放、理论上不断有新发展、实践上不断有新创造"，党中央决策层从多层面不断推进中国特色社会主义理论的创新发展。这一时期党的马克思主义理论体系更加系统和成熟，在实践落实上更趋向求真和务实，并且开拓了思想政治教育的新境界。

（一）树立指导思想：高举马克思主义中国化的伟大旗帜

理论创新是马克思主义能够长期永葆生命力的根源所在、力量所系。党的十六大以后，以胡锦涛同志为主要代表的中国共产党人紧密结合新阶段国际国内形势的新变化，正式确立"三个代表"重要思想的指导地位，大力开展"三个代表"重要思想的宣传普及活动，同时进一步实践探索"大力推进理论创新，不断赋予当代中国马克思主义鲜明的实践特色、民族特色、时代特色"，在此基础上提出科学发展观、构建社会主义和谐社会等一系列重大理论创新成果，为最终确立涵盖邓小平理论、"三个代表"重要思想及科学发展观等重大战略思想在内的中国特色社会主义理论体系的创新式发展注入了鲜活的时代血液，从而全面拓新了马克思主义思想理论教育的指导思想，为包括高等教育思想在内的中国特色社会主义理论教育思想的深入发展与实践应用创造了基本条件。"党的理论创新每推进一步，理论武装就要跟进一步"，这一时期思想教育领域正是围绕党的理论创新成果而逐渐展开的。高扬中国化马克思主义理论的伟大旗帜，用发展着的、具有生命力的中国特色社会主义理论体系实践、凝聚思想，抢占马克思主义在意识形态领域的主阵地，是新时期全国各级学校在教育思想上所达成的基本共识。

伴随 2002 年党的十六大正式把"三个代表"重要思想写入党章，胡锦涛同志明确提出："'三个代表'重要思想反映了我国最广大人民的共同意愿，体现了当今世界和中国发展的时代精神，显示了马克思主义科学理论的强大力量，是全党全国人民在新世纪新阶段继续团结奋斗的共同思想基础。要实现全面建成小康社会的宏伟目标，必须把学习贯彻'三个代表'重要思想不断引向深入。"并多次要求兴起学习和宣传"三个代表"重要思想的全民参与热潮。在这一思想的指导下，2003 年 6 月，中共中央下发《关于在全党掀起学习贯彻"三个代表"重要思想新高潮的通知》，对学习"三个代表"重要思想的新高潮作出重要部署。为此，中央文献出版社专门出版《江泽民论有中国特色社会主义（专题摘编）》，中共中央宣传部编发《"三个代表"重要思想学习纲要》。2003 年 7 月，胡锦涛同志在建党 82 周年之际召开的"三个代表"重要思想研讨会上进一步指出，贯彻落实"三个代表"重要思想必须坚持"三个结合"，即学习理论和指导实践相结合、改造客观世界和改造主观世界相结合、运用理论和发展理论相结合。2003 年 11 月，《江泽民文选》三卷本出版，为更加深入地贯彻学习"三个代表"重要思想提供了重要的教学素材。12 月，胡锦涛同志在全国宣传思想工作会议上再次强调在未来一段时间，坚持用"三个代表"重要思想武装全党、教育群众是思想宣传工作特别是马克思主义理论教育工作的首要任务。2005 年，为深入贯彻落实党的十六大和十六届三中、四中全会精神，党中央发出在全党开展践行"三个代表"重要思想的保持共产党员先进性教育活动的号召，督促广大党员干部深入学习"三个代表"重要思想和党章。为响应党中央的号召，教育部还发出《关于进一步深化"三个代表"重要思想"三进"工作的通知》，对"三个代表"重要思想在高等院校"两课"教学中的"三进"工作提出具体要求。正是通过这样一系列宣传普及活动，"三个代表"重要思想逐步已经完全植根于全党和全国人民思想意识中，对于当时各项建设工作与具体实践具有重要指导意义。

处于新的历史阶段下，以胡锦涛同志为主要代表的中国共产党人在高度重视和加强"三个代表"重要思想理论教育的同时，还积极发展马克思主义，在科学回答"实现什么样的发展、怎样发展"这一时代新课题的基础上，系统总结改革开放以来各项现代化建设所取得的最新成果，并加以提炼概括，最终形成马克思主义中国化的最新理论成果——科学发展观，并以此为主要内容展开新时期下中国特色社会主义思想政治教育。2003 年，党的十六届三中全会通过《中共中央关于完善社会主义市场经济体制若干问题的决定》，明确要求"坚持以人为本，树立正确、全面、协调、可持续的发展观，促进经济社会和人的全面发展"，首次在党的重要文件中提出科学发展观的这一命题，创立中国特色的马克思主义发展观。科学发展观的最终提出，契合了当代中国经济社会发展的时代诉求，标志着中国共产党人对社会主义经济建设规律和马克思主义社会发展理论的认识已经达到崭新的高度和境界。为使科学发展观广泛而持久地为全体人民群众所理解、所掌握、所运用，党中央明确提出"坚持不懈地用马克思主义中国化最新成果武装全党、教育人民"。2004 年，温家宝同志在中央举办的省部级主要领导干部树立和贯彻科学发展观研讨班上发表重要讲话，在阐明科学发展观产生的历史渊源和现实诉求的基础上对深入贯彻落实科学发展观作出了具体部署。同年 9 月，党的十六届四中全会通过《中共中央关于加强党的执政能力建设的决定》，把学习宣传科学发展观纳入新时期党员干部执政能力建设的内容体系。2005 年，党的十六届五中全会通过《中共中央关于制定国民经济和社会发展第十一个五年规划的建议》，要求把我国各项工作切实转入全面、协调和可持续发展的轨道，进一步指明新形势下中国特色社会主义理论的实施方向和奋斗目标。2006年，第十届全国人民代表大会第四次会议通过《中华人民共和国国民经济和社会发展第十一个五年规划纲要》，再次强调"十一五"时期要使经济建设和社会发展得以持续、协调、稳步进行，关键是要全面落实科学发展观。2007年，中国共产党第十七次全国代表大会进一步阐明科学发展观的精神实质、科学内涵和历史价值，正式把科学发展观确立为党的指导思想，为中国特色社会主义理论提供了创新性营养成分。

2007年，党的十七大对改革开放以来我们党的理论创新成果进行了全面概括，把邓小平理论、"三个代表"重要思想和科学发展观等重要战略思想系统整合为中国特色社会主义理论体系，并向全党发出"开展中国特色社会主义理论体系宣传普及活动，推动当代中国马克思主义大众化"的学习号召。中国特色社会主义理论体系凝结着改革开放以来中国共产党人不懈努力，在不断的实践过程中所凝聚的心血和智慧，是马克思主义中国化的最新理论成果，是指导中国特色社会主义实践的理论旗帜。它的确立标志着我们党对中国特色社会主义的认识提升到一个新高度，为当代中国马克思主义思想理论教育提供坚实保障。党的十七大以后，为使中国特色社会主义理论体系深入人心，党中央在2008年1月组织召开全国宣传思想工作会议。胡锦涛同志在会上明确指出，要做好当前和今后一段时期的理论宣传工作，关键是要高举中国特色社会主义伟大旗帜，坚持以邓小平理论和"三个代表"重要思想为指导，深入贯彻科学发展观，把坚持马克思主义基本原理同推进马克思主义中国化结合起来，用党的理论创新成果武装头脑、指导实践、推动工作，巩固马克思主义在意识形态的指导地位。同时，胡锦涛同志还立足于建设有中国特色社会主义事业的战略全局紧密结合思想文化领域不断涌现的新情况与新问题，提出包含马克思主义理论教育工作在内的党的各项思想政治教育工作都必须坚持做到"高举旗帜，围绕大局，服务人民，改革创新"。其中，高举旗帜是思想政治教育工作的灵魂和方向；围绕大局是思想政治教育工作的根本任务；服务人民是思想政治教育工作的根本宗旨；改革创新是思想政治教育工作的动力。这就进一步指明了新时期中国特色社会主义指导下思想政治教育工作所应遵循的根本方针和根本目标，从大众化、时代化和全局化的战略高度对加强中国特色社会主义思想政治教育提出新要求，使党的马克思主义基本原理的发展迈向新的高度。

（二）社会主义核心价值体系：迈向从建立到逐步完善

进入 21 世纪以来，随着我国正式确立以市场经济为主导的基本经济运行制度，整个社会呈现出崭新快速发展与繁荣景象，具体表现在经济体制已经发生深刻变革、利益格局发生重大调整，人民思想观念发生深刻变化、传统思维习惯被打破，人们的生活方式、工作方式、社交形式以及文化观念和价值取向等多个维度处于激烈冲突、碰撞和交锋中。因此，在如此深刻的文化深度融合、观念激烈碰撞、思想空前活跃的崭新时代背景下，亟待构建形成一套与社会主义市场经济相适应的思想理论体系，再次竖起一面凝聚人心、强基固本、促进社会经济全面发展的精神旗帜，以整合新世纪以来不断创造出来的多元化思想观念、引领多样化社会风气，并有助于化解、降低各种利益纠纷与冲突，牢牢把握思想政治与意识形态领域的主导权。正是基于上述基本现状的综合考虑，构建社会主义核心价值观这一科学命题应运而生。这一重大历史命题的提出，是以胡锦涛同志为主要代表的中国共产党人重视和强化社会主义意识形态安全的本质体现，确立了中国特色社会主义思想教育领域意识形态的核心主题，标志着中国特色社会主义理论体系再次发展、突破传统，步入崭新的历史阶段。

社会主义核心价值体系的基本概念最初是在 2006 年召开的中国共产党第十六届中央委员会第六次全体会议上首次提出的。《中共中央关于构建社会主义和谐社会若干重大问题的决定》中明确提出社会主义核心价值体系的基本内容是"马克思主义指导思想，中国特色社会主义共同理想，以爱国主义为核心的民族精神和以改革创新为核心的时代精神，社会主义荣辱观"，而且把"建设社会主义核心价值体系"摆在和谐社会建设的突出位置，提出"建设社会主义核心价值体系，形成全民族奋发向上的精神力量和团结和睦的精神纽带"的战略任务。2007 年，党的十七大又进一步揭示社会主义核心价值体系的科学内涵，并提出推进核心价值体系建设的一系列举措，明确要求"积极探索用社会主义核心价值体系引领社会思潮的有效途径，主动做好意识形态工作，既尊重差异，包容多样，又有力抵制各种错误和腐朽思想的影响""切实把社会主义核心价值体系融入国民教育和精神文明建设全过程，转化为人民的自觉追求"。社会主义核心价值体系是社会主义意识形态的主体内容和本质体现，是我们党在新形势下团结全国人民开拓进取的精神旗帜。建设社会主义核心价值体系理念的提出，标志着继邓小平同志把意识形态工作纳入以"经济建设为中心"的现代化建设全局之后，中国特色社会主义的意识形态理论发展实现又一次战略性突破。正如侯惠勤教授曾评价的："改革开放 30 年，社会主义核心价值体系是继邓小平理论步入改革开放新时期，对于意识形态发展进行战略调整后，中国对思维领域的又一次重大的战略调整。它标志着我们对于社会主义意识形态建设规律的认识，实现了又一次新的飞跃。"建设社会主义核心价值体系战略任务的确立，丰富和发展了马克思主义意识形态理论，标志着我们党对中国特色社会主义本质和社会主义意识形态建设的认识再一次深化。在党的十七大精神的指引下，宣传普及社会主义核心价值体系所倡导的价值准则和行为规范，用社会主义核心价值体系引领社会思潮，成为新的历史时期内各级学校关于中国特色社会主义思想理论体系进行教育实践的首要任务。

综上所述，在新的历史条件下，为切实有效地推进社会主义核心价值体系建设，以胡锦涛同志为主要代表的中国共产党人结合中国的具体实际，一方面明确要求发挥道德、行政、政策和法律等多重手段的合力效能，坚持"包容差异、尊重多样"的基本原则，使社会主义核心价值体系迅速占领各大众媒体阵地、公共生活场所和文化教育战线等主战场，弘扬各种社会进步思潮、社会心理和社会舆论的积极健康因素——正能量，转化或消解各种非马克思主义或反社会主义核心价值体系的错误性思潮；从另一方面来讲，明确提出必须遵循"贴近实际、贴近生活、贴近群众"的价值准则，积极探索适合社会各个阶层的核心价值观，将核心价值体系教育切实落实到社会不同群体的个体生活中去，以此夯实巩固建设核心价值体系的群众基础和社会基础，如胡锦涛同志在2008年创造性地提出，要大力培育"忠诚于党、热爱人民、报效国家、献身使命、崇尚荣誉"的当代革命军人核心价值观，并强调"这是建设社会主义核心价值体系的重要方面"。此外，在随后的地方调研工作中还指出以"八荣八耻"为基本内容的社会主义荣辱观教育是核心价值体系教育的重中之重。"八荣八耻"重要思想是胡锦涛同志在2006年参加全国政协十届四次会议时首次提出的，以简洁明快、富有中国语言习惯与韵律的表达句式指明区分是非、善恶、荣辱的界限，是广大公民全面阐述树立正确世界观、人生观、价值观的具体要求，是引导当代中国社会价值取向的最基本、最具有时代表现力的行为准则，进一步深化和创新了中国特色社会主义理论的义利观、价值观和伦理观。因此，以"八荣八耻"为主要内容的社会主义荣辱观教育的提出和落实，充分展示处于新的历史环境下马克思主义中国化所展示的创新性成果与强劲生命力，对新时期下中国特色社会主义教育思想体系建设的有效推进产生了积极影响。

（三）马克思主义理论体系基础研究和建设工程取得进展

坚持马克思主义的指导地位毫不动摇，是长期以来党中央和各级党组织所强调的根本性原则。党的十六大以来，为切实增强新的时代背景下马克思主义理论的科学性、正确性以及持久生命力，不断巩固马克思主义在全党思想意识领域的指导地位，以胡锦涛同志为主要代表的中国共产党人审时度势创造性提出了全面实施与启动马克思主义理论基础研究与建设工程的战略思想与实践任务。这一核心内容的提出和贯彻落实，为新的历史条件下开展中国特色社会主义思想教育提供了坚实的思想指导和政策保障，有效地促进并推动了中国特色社会主义教育理论学科体系、教材体系、教学体系和队伍建设的相互促进、协调发展与整合创新。因此，笔者认为，全面实施与启动马克思主义理论研究和建设工程的前期准备与实践活动，是党的十六大以来中国特色社会主义教育理论发展创新的有机组成部分。

实施马克思主义理论研究和建设工程的战略思想是中共中央在2004 年 1 月颁布的《关于进一步繁荣发展哲学社会科学的意见》中最早提出的。当月，中央办公厅转发中央宣传思想工作组《关于实施马克思主义理论研究和建设工程的意见》（以下简称《意见》）。《意见》根据《关于进一步繁荣发展哲学社会科学的意见》的精神，对实施和落实工程进行具体部署，突出强调工程的主要任务是"把邓小平理论、'三个代表'重要思想和科学发展观作为研究重点，以重大现实问题为主攻方向，把马克思主义在中国发展的最新理论成果贯穿到哲学社会科学的学科建设、教材建设中，进一步加强马克思主义理论队伍建设，力争用10 年左右时间，形成充分反映当代中国马克思主义最新理论成果的学科体系和教材体系，形成一支老中青三结合的马克思主义理论研究和教学骨干队伍"。2004 年 4 月，中共中央再次召开实施马克思主义理论研究和建设工程的工作会议，着力推进马克思主义理论研究和建设工程的实施进度与相关安排。李长春同志在会上明确表示："实施马克思主义理论研究和建设工程是不断开辟马克思主义发展新境界的必然要求，是巩固马克思主义在意识形态领域指导地位的重大举措，是不断开创中国特色社会主义事业新局面的迫切需要，是加强党的理论建设、保持党的先进性的重要保证。"2007 年，党的十七大进一步提出"繁荣哲学社会科学，推进学科体系、学术观点、科研方法创新，鼓励哲学社会科学界为党和人民发挥思想库作用，推进我国哲学社会科学成果和优秀人才走向世界"的战略任务，全面深化和深入推动马克思主义理论基础研究与工程建设。

自从马克思主义理论研究和建设工程启动与实施以后，在党中央的直接领导下，该工程在马克思主义经典著作编译研究、马克思主义中国化理论创新成果研究、重大理论和现实问题研究以及马克思主义理论学科体系、教材体系和队伍建设研究等方面都取得突破性重要进展。譬如在马克思主义学科体系建设方面，2005 年 2 月，中共中央宣传部和教育部发布《关于进一步加强和改进高等学校思想政治理论课的意见》，将马克思主义理论上升为一级学科，并下设 6 个二级学科，为中国特色社会主义教育思想体系提供了强有力的学科支撑和保障；就马克思主义教学体系建设来说，2005 年 2 月，中共中央宣传部和教育部还针对高校思想政治理论课建设明确提出"05 方案"。"05 方案"是指将本科的思想政治理论课程设置为《马克思主义基本原理》《中国近现代史纲要》《毛泽东思想、邓小平理论和"三个代表"重要思想概论》和《思想道德修养与法律基础》等 4 门必修课，并设置《当代世界经济与政治》选修课，这样一来大学本科思想政治教育的"4+1"课程设置就基本形成。2005

年3月，中共中央宣传部、教育部关于印发还印发了《〈中共中央宣传部教育部关于进一步加强和改进高等学校思想政治理论课的意见〉实施方案》（以下简称《方案》）。该《方案》明确要求："新课程改革要体现马克思主义与时俱进的理论品格，更好地适应时代发展的要求；要突出重点，更好地吸收理论和实践发展的最新成果；要有利于更好地用马克思主义理论武装大学生头脑。"从当时的马克思主义教材体系建设总体情况来看，中宣部组织权威专家围绕干部群众关心的重大理论和实际问题编写理论通俗读物和学习辅助材料，如从《干部群众关心的25个理论问题》到《理论热点18题》，从《理论热点面对面》到《划清"四个重大界限"》，从《六个"为什么"》到《七个"怎么看"》等重要教学材料与参考读物的出版问世，结合当时群众最为关心的难点和热点问题深入浅出地阐述了中国化马克思主义的最新理论成果，将政府部门和理论界的思想价值观转化成人民群众易于接受的、通俗易懂的思想价值观，使马克思主义理论的宣传由过去晦涩、抽象的风格逐渐转变为生动具体、老少皆宜的风格，从原来的政治高位到回归大众视域，为中国特色社会主义理论的广泛传播、交流与深入学习、指导实践工作提供了重要的实现途径。另一方面，教育部曾多次组织专家学者围绕基础理论和马克思主义中国化最新成果的科学体系等统编教材，使马克思主义理论成果进教材、进课堂、进大学生大脑。其中，截至2010年6月，《马克思主义基本原理概论》《思想道德修养与法律基础》共修订过3次，《毛泽东思想和中国特色社会主义理论体系概论》《中国近代史纲要》已修订过4次。值得特别指出的是，2010年中央编译局编辑出版的《马克思恩格斯文集》（十卷本）和《列宁专题文集》（五卷本），是党中央实施马克思主义理论研究和建设工程所取得的标志性成果；对于马克思主义理论教育队伍建设而言，中共中央不仅大力倡导建立和完善教师队伍培训体系，从中央到地方逐步形成多层次、多渠道的培训格局，而且要求全国各高校积极采取脱产进修、社会考察、学术交流等诸多措施，着力培养一批年富力强、锐意进取、业务精湛的马克思主义思想政治教育骨干教师队伍。

（四）中国特色社会主义理论进入大众化、时代化新阶段

进入新世纪之后，国际局势更加风云变幻、呈现出日益复杂化的基本态势，国内也相继步入经济体制和发展方式深刻变革的"双重转型期"。面对国内外环境的深刻变化，以胡锦涛同志为主要代表的中国共产党人提出大力推进马克思主义指导下中国特色社会主义理论建设与发展正式进入时代化和大众化总体设想，并开始着力巩固作为主流意识形态的马克思主义在全球化深入推进和社会主义市场经济发展迈向新阶段的全局指导地位。虽然马克思主义中国化、中国特色社会主义理论大众化和时代化这一核心要素本就早已蕴含于马克思主义发展的历史进程中，但由于过去中国长期处于较为特殊的历史实践和时代语境之下，它的主要内容并没有被作为统一序列的概念明确提出来。因此，在新的历史时期，推进中国特色社会主义理论大众化和时代化这一战略思想与实践举措的最终提出以及后续执行落实，既是当代中国共产党人中国特色社会主义理论的创新所在，也是当代中国共产党人在中国特色社会主义教育思想体系的集中展现和庄严宣示，是当代中国马克思主义理论教育发展创新的思想基础和根本目标导向。

2007 年，党的十七大报告中深刻指出："《共产党宣言》发表以来近 160 年的实践证明，马克思主义只有与本国国情相结合、与时代发展同进步、与人民群众共命运，才能焕发出强大的生命力、创造力、感召力。"报告明确要求全党、各族人民大力推进理论创新、制度创新、思维模式创新，不断赋予当代中国马克思主义鲜明的民族特色、时代特征和大众品格。因此，在此基础上，党中央作出了"开展中国特色社会主

义理论体系宣传普及活动，推动当代中国马克思主义大众化"的战略部署，确立了全面推动马克思主义中国化和中国特色社会主义理论大众化和时代化的战略任务和奋斗目标，要求扎实深入开展中国特色社会主义理论体系宣传普及活动，使当代中国马克思主义为广大人民群众所理解、接受和掌握，从而发挥其广泛联系群众、团结社会各阶层和增强民族凝聚力的综合力量。2008 年，胡锦涛同志在纪念改革开放三十周年大会上进一步要求，不断把党带领人民创造的成功经验上升为理论，不断赋予当代中国马克思主义鲜明的实践特色、民族特色、时代特色，不断推动当代中国马克思主义大众化，让当代中国马克思主义放射出更加灿烂的真理光芒，把中国特色社会主义理论大众化建设放在各项工作的重中之重。2009 年，在党的十七届四中全会上，胡锦涛同志第一次明确提出推动马克思主义时代化的历史新任务，并将时代化与中国化、大众化相结合，集中提出和系统阐发"不断推进马克思主义中国化、时代化、大众化"的战略命题。这一科学命题的提出，是我们党对历史发展、国际形势和现实社会动态变化等方面的系统把握，为新形势下深入开展中国特色社会主义思想政治教育指明了工作重点与基本方向。全会通过的《中共中央关于加强和改进新形势下党的建设若干重大问题的决定》，还围绕加强和改进新形势下党的建设这一主题强调要大力推进党的思想理论建设中国化、大众化和时代化，要求"始终以思想理论建设为根本建设，坚持党的思想路线，解放路线、实事求是、与时俱进，坚持真理、修正错误，不断推进马克思主义中国化、时代化、大众化，坚持以马克思列宁主义、毛泽东思想、邓小平理论和'三个代表'重要思想为指导，深入贯彻落实科学发展观，提高运用科学理论改造主观世界和客观世界能力，使党的理论和实践始终体现时代性、把握规律性、富于创造性"。这一要求对于新形势下推进党的建设和中国特色社会主义建设具有极为重要的现实指导意义。2011 年，在庆祝中国共产党成立 90 周年大会上，胡锦涛同志再次语重心长地指出："新的历史条件下提高党的建设科学化水平，必须坚持解放思想、实事求是、与时俱进，大力推进马克思主义中国化、中国特色社会主义时代化与大众化，提高全党思想政治水平。"需要强调的是，新时期正是在党中央的高度重视和大力推动下，开创马克思主义理论教育的新局面才得以不断顺利推进，并取得一系列重要成果。

（五）思想政治教育新目标：提升执政能力和保持先进性

不断强化和改进党的执政能力建设与先进性建设，既是马克思主义政党存在和发展的生命所系和力量所在，也是我们党的各项事业平稳发展并取得成功的根本保证和永恒话题。无论提升执政能力，抑或保持先进性都需要以党内马克思主义、毛泽东思想以及中国特色社会主义理论作为指导原则与思想源泉。党的十六大以后，以胡锦涛同志为主要代表的中国共产党人面对改革开放、市场经济、国际环境的严峻考验，在全面分析新时期我国发展的阶段性特征基础上，紧密结合"全面建成小康社会的伟大实践"的首要任务，坚持以提高党的执政能力和保持党的先进性为主题内容强化党内马克思主义、毛泽东思想以及中国特色社会主义理论的教育，把党的先进性建设和执政能力建设作为党内思想领域的价值取向和重要目标，不断加强和改进新形势下党的建设这一重要环节，从而确保我们党始终走在时代前列，坚持为人民服务为根本宗旨不动摇，为全面建成小康社会和开创中国特色社会主义事业新局面提供强有力的组织保证和政治依靠。

四、新时代中国特色社会主义教育思想的发展

党的十八大胜利召开以来，以习近平同志为核心的党中央接过历史的接力棒，积极应对新时期、新阶段、新形势下党和国家面临的前所

未有的风险考验与艰巨挑战，以稳健扎实、积极进取的姿态推进各项工作向前迈进，陆续出台了一系列深得党心、军心和民心的重大改革举措，对中国特色社会主义理论赋予了新的价值底蕴和历史内涵。就中国特色社会主义教育思想理论体系创新发展与实践应用而言，中国共产党在继承马克思主义的基础上，紧密结合社会实际和时代特征，从多层面不断推进马克思主义理论和教育思想的创新与升华：一是围绕党的理论创新成果，加强理论武装，掀起学习宣传党的十八大报告、贯彻落实党的十八大精神的新热潮；二是创造性地提出中国梦思想，赋予中国特色社会主义教育思想体系以质朴的教育内容；三是积极倡导以坚定理论信念、学习党的历史和加强党的纯洁性建设为主线强化党内马克思主义的意识形态教育。

随着在党的十九大胜利召开，以习近平同志为核心的党中央领导集体对上述治国理政的总体框架又增添了新的思想内容，构成了习近平新时代中国特色社会主义思想主要内容的轮廓，并最终确立为"习近平新时代中国特色社会主义思想"，这是党的十九大以来的党的重要理论成果，是十九大精神的核心内容。习近平新时代中国特色社会主义思想的理论框架及科学体系对新时代坚持和发展什么样的中国特色社会主义、怎样坚持和发展中国特色社会主义这个重大时代课题做出了创造性的回答，是马克思主义中国化的最新理论成果。

1. 中国特色社会主义道路进入新的历史定位

党的十九大报告指出："经过长期努力，中国特色社会主义进入了新时代，这是我国发展新的历史方位。""时代"一词一般的含义是指历史上以经济、政治等领域的基本特征为参照而划分的某一时期，如旧石器时代、新石器时代、农业时代、工业时代等。然而，党的十九大报告所讲述的新时代并非人类社会历史意义上的时间划分，而是指中国特色社会主义的经济、政治、文化等方面的状态发生了重大变化，党和国家事业发生了历史性变革。"中国特色社会主义进入了新时代"，是指党的十八大以来的快速发展、各项事业稳步推进的这五年，是我国取得一系列新成就且极不平凡的五年，综合国力进入世界前列、国际地位实现前所未有的提升、中华民族的面貌等发生了前所未有的变化、我国社会主要矛盾发生转化。党的十九大报告中明确提出："新时代是在新的历史条件下继续夺取新时代中国特色社会主义伟大胜利的时代，是决胜全面建成小康社会进而全面建成社会主义现代化强国的时代，是逐步实现全体人民共同富裕的时代，是全体中华儿女奋力实现中华民族伟大复兴中国梦的时代，是日益走近世界舞台中央不断为人类作出更大贡献的时代"，因此"中国特色社会主义的新时代"是特指过去五年来中国特色社会主义建设取得重大进展与重大突破的阶段。其历史意义在于近代以来久经磨难的中华民族迎来了从站起来、富起来到强起来的伟大飞跃；对科学社会主义而言，意味着科学社会主义在 21 世纪的中国焕发出强大生机活力；对人类社会而言，意味着为解决人类问题贡献中国智慧和中国方案。党的十九大报告关于"新时代"的科学论述，其重要意义在于确定了中国特色社会主义发展的新历史方位，有助于开启人民群众实现中华民族伟大复兴的新征程，充分凝聚每一位中华儿女的信心和力量。

2. 中国特色社会主义是当代中国的基本主题

党的十九大报告指出："中国特色社会主义是改革开放以来党的全部理论和实践的主题，是党和人民历尽千辛万苦、付出巨大代价取得的根本成就。"自从邓小平在党的十二大开幕中正式提出"建设有中国特色的社会主义"，中国特色社会主义就成为党的历次代表大会的根本主题。自党的十八大以来，习近平总书记反复强调，要继续把坚持和发展中国特色社会主义这篇大文章写下去，实现中华民族的伟大复兴，要增强中国特色社会主义道路自信、理论自信、制度自信和文化自信。党的十九大创造性地提出了新时代中国特色社会主义的基本方略，这包括坚持党对一切工作的领导、以人民为中心、全面深化改革、新发展理念、人民当家做主、全面依法治国、社会主义核心价值体系、在发展中保障和改善民生、人与自然和谐共生等十四个方面，尽管其中一些内容过去已有所提及，但在十九大报告中进行集中论述，这在理论上是第一次，为新时代如何坚持和发展中国特色社会主义提供了行动纲领。

3. 建设特色社会主义现代化强国的奋斗目标

中国梦是以习近平同志为核心的党中央提出的重要思想，是当今中国发展进步的奋斗目标。中国梦的核心内涵是强调实现中华民族的伟大复兴，中国梦的本质是国家富强、民族振兴、人民幸福。中国梦的主要目标是实现"两个一百年"的奋斗目标。实现中国梦的基本遵循是必须走中国道路、必须弘扬中国精神、必须凝聚中国力量，必须走和平、发展、合作和共赢之路。党的十九大报告对"两个一百年"的奋斗目标做了新的战略安排，提出"在全面建成小康社会的基础上，分两步走。在本世纪中叶建成富强民主文明和谐美丽的社会主义现代化强国"，强调实现中国梦必须进行伟大斗争，建设伟大工程，推进伟大事业，实现伟大梦想。关于中国梦的上述重要论述，为当代中国的发展指明了奋斗目标，描绘了中华民族伟大复兴的宏伟蓝图。

4. 中国社会主要矛盾的转变以及新的发展理念

党的十九大报告指出："明确新时代我国社会主要矛盾是人民日益增长的美好生活需要和不平衡不充分的发展之间的矛盾。"社会主要矛盾的变化是关系全局的历史性变化，对党和国家今后的工作提出了许多新要求。把握我国社会主要矛盾发生变化的新特点，必须牢固树立和自觉践行新发展理念。坚持创新发展、协调发展、绿色发展、开放发展、共享发展的新发展理念，回答了新形势下中国要实现什么样的发展、怎样实现发展的重大问题，是对马克思主义发展观的又一次重大继承与发展创新。

5. 中国特色社会主义事业的总体布局

经济建设、政治建设、文化建设、社会建设、生态文明建设的"五位一体"战略发展格局，是中国特色社会主义的总体布局。全面建成小康社会，全面深化改革、全面依法治国、全面从严治党，即"四个全面"是中国特色社会主义的战略布局。"五位一体"是总体部署，"四个全面"是主要抓手。"五位一体"总体布局与"四个全面"战略布局是既有区别又有联系的关系，需要相互联动，相互促进。坚持和发展中国特色社会主义，需要统筹推进"五位一体"总体布局和协调推进"四个全面"战略布局。

6. 全面依法治国的总体目标

党的十九大报告指出："明确全面推进依法治国总目标是建设中国特色社会主义法治体系、建设社会主义法治国家。"全面依法治国为全面建成小康社会及实现中华民族伟大复兴的新征程营造良好的法治环境，提供有力的法治保障。不全面依法治国，国家和社会生活就不能良性运行，就难以实现社会和谐稳定。因此，必须全面推进依法治国，坚持厉行法治，推进科学立法、严格执法、公正司法、全民守法。要加强宪法实施和监督，推进合宪性审查工作，维护宪法权威。健全党和国家监督体系，实现对所有行使公权力的公职人员监察全覆盖等。要不断提升全民族的法治素养和道德素质，坚持以德治国和依法治国相辅相成。

7. 全面推进深化改革的总体目标

改革是推动社会发展的重要动力。全面深化改革是全面建成小康社会及实现中华民族伟大复兴战略目标的重要举措。党的十九大报告指出："明确全面深化改革总目标是完善和发展中国特色社会主义制度、推进国家治理体系和治理能力现代化。"提出国家治理体系和治理能力现代化，高度重视国家制度体系及其制度执行力现代化问题，是对马克思主义国家学说及政治学的创新。要明确全面深化改革的重点和关键，经济体制改革是全面深化改革的重点，核心问题是处理好政府和市场的关系，使市场在资源配置中起决定性作用和更好发挥政府作用。全面深化改革要坚决破除利益固化的藩篱，在这个过程中，要把制度建设作为关键环节，这不仅是因为一些不合理的利益已经固化并逐渐形成制度化，要破除藩篱就必须改革不合时宜的旧制度，更重要的是，构建公平正义的利益分配方式等也需要新的科学制度予以保障。实现全面深化改革的总目标体现在制度建设上，就是要通过各项改革措施构建有利于经济社会发展和人的自由全面发展的体制机制。党的十九届三中全会做出了《中共中央关于深化党和国家机构改革的决定》，统筹推进党、政、军、群机构改革，这是推进国家治理现代化的重要举措。

8. 新时代强军目标的基本方略

党的十九大报告提出，要"明确党在新时代的强军目标是建设一支听党指挥、能打胜仗、作风优良的人民军队，把人民军队建设成为世界一流军队"。新时代的强军方略是要坚持政治建军、改革强军、科技兴军、依法治军。要全面深化军队和国防建设，坚决维护中国国家核心利益与维护世界和平。近年来随着中国的和平崛起，中国在国际上"树大招风"效应日益显现，国家安全环境既出现了有利的局面，也出现了更为复杂的情形，如在南海、东海及朝鲜半岛等方面所出现的风险和挑战。和平与发展仍是当今世界的两大主题，中国日益走近世界舞台中央，但崛起与被遏制并存。面对新时代，实现中国梦必须要依靠强军梦作支撑。

9. 新时代外交发展的重要理念

党的十九大报告指出："明确中国特色大国外交要推动构建新型国际关系，推动构建人类命运共同体。"在对外关系方面，提出和平、发展、合作、共赢成为时代潮流，强调中国要坚定不移走和平发展道路，实施"一带一路"发展倡议等，进一步提升对外开放的水平。在国际关系方面，提出"构建人类命运共同体"的新理念，推动建设相互尊重、公平正义、合作共赢的新型国际关系。中国要进一步为促进全世界人类和平、发展与进步的崇高事业作出积极贡献。

10. 新时代党的建设的新要求

党的十九大报告强调，要"明确中国特色社会主义最本质的特征是中国共产党领导"，并提出了新时代党的建设总要求。这一总要求强调要坚持和加强党的全面领导，坚持全面从严治党，不断提高党的执政能力和领导水平。这一要求阐明了新时代党的建设的主线、统领方针、根基建设、着力点和质量等，强调了政治建设在党的建设中的重要地位。强调要全面持续开展反腐倡廉建设，构建不敢腐、不能腐、不想腐的有效和长效机制，对腐败零容忍，等等，这是对中国共产党党建理论的继承和发展。近年来，在推进党的建设的实践过程中，强调树立"四个意识"即政治意识、大局意识、核心意识和看齐意识。

11. 治国理政的世界观与方法论：马克思主体哲学的创新成果

党的十九大报告强调，要"坚持解放思想、实事求是、与时俱进、求真务实，坚持辩证唯物主义和历史唯物主义"，这就揭示了中国特色社会主义思想的世界观和方法论。要坚持科学的思维方法，提高战略思维、历史思维、辩证思维、系统思维、创新思维、法治思维、底线思维能力。坚持科学的工作方法，加强社会调查研究，准确把握我国经济社会发展的规律性及阶段性特点，保持战略定力。强调妥善处理解放思想与实事是、整体推进与重点突破、全局与局部、顶层设计与摸着石头过河、胆子要大与步子要稳、改革发展稳定等一系列重大关系。党既要政治过硬，也要本领高强，要增强八个方面的执政本领，即学习本领、政治领导本领、改革创新本领、科学发展本领、依法执政本领、群众工作本领、狠抓落实本领和驾驭风险等方面的本领。

12. 治国理政的价值观："以人民为中心"

"治国理政为了谁，依靠谁和成果由谁享有"，这是我们党的治国理政的核心问题。党的十九大报告的主题词之一就是"不忘初心、牢记使命"，其核心内涵就是强调为中国人民谋幸福和为中华民族谋复兴，为人类进步事业而奋斗。要准确把握"以人民为中心"的丰富含义，坚持治国理政为了人民，依靠人民，治国理政的成果和红利由人民群众共享。要坚持以人民为中心的发展思想，不断促进经济社会的发展和人自身的全面发展。

综上所述，习近平新时代中国特色社会主义思想已经形成了严密的理论框架及科学体系。研究与学习"习近平新时代中国特色社会主义思想的理论框架及科学体系"，有助于把握其主要内容及精神实质，提高贯彻落实的自觉性和能动性，有助于为决胜全面建成小康社会、建设富强民主文明和谐美丽的社会主义现代化强国，实现人民对美好生活的向往而努力奋斗。

第二章　中国特色社会主义高等教育理论体系的创新探索

第一节　当代世界高等教育思潮对我国的影响

　　现代高等教育制度的基本建立与定型是欧美国家主导并推动的，特别是工业革命以来，现代高等教育的基本观念、管理办法以及考核方式等被迅速推广至全球，对我国当代高等教育思想理论体系的建立与创新产生了重要影响。包括中国在内的多个国家在创办高等院校的过程中，结合自身高等教育现状，适当创新性吸收、借鉴世界各国高等教育领域的先进教学理念，形成了独具特色的办学风格，为培养适用性人才和助力国家经济社会发展作出了重大贡献。进入21世纪以来，世界各国的高等教育进入相对成熟阶段，"精英化"培养方式显然难以适应当前高等教育的总体规模与教学现状，大众化、普及化已经成为高等教育发展的必然趋势。经过多年的不断发展与完善，我国高等教育在指导思想、教学模式、后勤管理以及国际交流等诸多方面积累了较为丰富的经验与观念，因此在对中国特色社会主义高等教育思想理论体系进行系统性总结之前，笔者认为有必要对当前我国高等教育的创新性探索进行较为完整的回顾与梳理。

一、中国高等教育在发展进程中对外来教育思想的借鉴

类似其他后发国家，尽管中国官办高等教育的历史远可追溯到西汉时期所创设的"太学院"，但现代意义上的中国高等教育则起源于19世纪末期西方国家的办学经验。我国现代意义上的第一所大学，是1895年由盛宣怀在天津创办的天津中西学堂，1903年重建更名为北洋大学堂，其学科设置和修业年限，是以美国哈佛、耶鲁等大学为蓝本所制定的，1898年创办的京师大学堂以"乃略取日本学规，参以本国情形"，当时创办的教会式大学，几乎完全照搬西方国家的办学模式。中华民国成立后，特别是五四运动的爆发，加快了中国高等教育的现代化发展进程，当时许多文化、教育界进步人士，掀起了学习西方国家先进的教育、文化和科技的狂潮，这也是继洋务运动之后近代中国又一次学习、借鉴西方思想文化。中国现代大学的早期创办者们一开始就高度重视，并积极探索大学的办学理念和精神宗旨。应当说，中国早期大学创办之初的思想理念不仅使得中国现代大学从一开始就具有较高的起点，逐渐发展成为以北京大学、清华大学、西南联大等为代表的公立大学，以南开大学、厦门大学等为代表的私立大学，并铸就了一大批学贯中西、学识渊博、师德高尚的学术大师；另外当初形成的许多关于高等教育的思想理念和办学精神，至今仍然被人们奉为高等教育的"圭臬"。此外，需要强调的是，在近代中国高等教育发展过程中所接受外来性高等教育思想，并非完全是被动和盲目的，而是更多地表现出目的性和可改造性。例如，蔡元培在为世界学生基督教联合会所作的报告《中国现代大学观念及教育趋向》中就曾提道："晚清时期，东方出现了急剧的变化。为了维护其社会生存，不得不对教育进行变革。当时摆在我们面前的问题，

是要仿效欧洲的形式，建立自己的大学。这些大学建立起来并有了良好的管理以后，就成为一支具有我们自己传统教学方法的蓬蓬勃勃的令人称誉的力量。初时的大学，也曾设置了与西方大学的神学科相应的独立的经科。这些大学推行的总方针，还是为了要产生一个于政府有用、能尽忠职守的群体。"张伯苓虽在早年办学生涯中先仿日本，后学欧美，但经过实践和探索后他明确提出以"土货化"作为南开大学发展的根本方针。所谓"土货化"，乃关于中国问题之科学知识，乃至中国问题之科学人才。吾人为新南开所抱之志愿，不外"知中国""服务中国"二语。吾人所谓土货的南开，即以中国历史、中国社会为学术背景，以解决中国问题为教育目标的大学。

中华人民共和国成立以后，由于特殊的国际环境和地缘政治因素，从 20 世纪 50 年代起中国在高等教育发展过程中基本上采取"以俄为师""独尊苏式"的办学理念；从另一个方面讲，当时中国高等教育领域主要是接受来自苏联的影响，并与东欧社会主义阵营开展相关高等教育办学经验的交流。自 20 世纪 60 年代初期起，中国开始借鉴欧美等西方国家的相关教育经验。1964 年 2 月，教育部决定在北京大学设立外国高等教育情报资料室等与西方教育相关的机构，并明确其主要工作职责为搜集、整理、编译外国高等教育、中等专业教育的情报资料。1964 年，经中央国际研究指导小组和国务院外事办公室批准，教育部发出《关于高等院校建立研究外国问题机构有关事项的通知》。至此，中国开始密切关注，并研究欧美、日本等发达国家的教育发展情况。从 20 世纪 70 年代末 80 年代初开始，中国教育学界开始陆续把国外相关的教育理论、教育思潮和先进经验引入中国，极大地促进了先进教育经验、教学模式在中国的传播与借鉴，对中国教育事业的发展具有重要作用。1979 年 10 月，由华东师范大学比较教育研究所把联合国教科文组织发表的报告书《学会生存——教育世界的今天和明天》翻译并出版，尽管中文版发表时间与该报告原版发表时间已经相距 7 年之久，但这项工作对于中国教育界具有突出的实际意义。与此同时，国内的一些学者开始关注国际教育发展的重要动向和趋势，张人杰在 1979 年发表了《终身教育：一个值得关注的思潮》一文，详细介绍了"终身教育"这一当时国内教育界还十分陌生的具有国际化的教育理念。这一时期内，关于国外教育思想的引介和探讨不仅打开了国人的眼界，而且在一定程度上对中国教育的实践发展也产生了直接影响。1985 年教育部颁布《中共中央关于教育体制改革的决定》，该文件中诸多政策、思想和观点等在不同程度上都受到来自世界性教育发展理念的影响，如教育适度先于经济的发展、高校扩大自主权、高等教育的多样化，等等。此外，国际性组织也加强了与中国的合作，并在此工程中对中国高等教育发展施加一定的影响。中国于 1980 年加入世界银行，从此也揭开了世界银行与中国合作的帷幕。世界银行在中国实施了一系列教育援助计划，其中高等教育处在首要位置，如通过实行第一大学发展计划、第二大学发展计划和省级大学发展计划等，全国约有 183 所大学参与了上述计划，世界银行给这些大学提供贷款近 10 亿美元。加拿大学者露丝·海霍曾对世界银行在中国实施的教育援助计划所产生的影响作过系统归纳：一是引起我国教育领域在知识组织方面的变化，国外专家，或者中国教师通过交流对方国家开展教学实践、研究活动，使得国外教育思想得以在中国深入转化，为中国教育发展提供决策支持；二是引起了知识传递方面的变化。世界银行的教育援助计划促使中国高校在全国各地的建设具有资金保障，这为各类大学的未来发展提供了重要的机遇。另外，这一时期内我国与联合国教科文组织的联系也得到加强。继 1971 年 10 月 25 日联合国第 26 届大会通过恢复我国的合法席位后，联合国教科文组织执行局也通过恢复我国合法权利，1979 年 2 月 19 日中国联合国教科文组织全国教育委员会成立。1984 年联合国教科文组织在北京设立科技代表处，后改为驻北京办事处，该办事处经其总部授权，开展针对东亚地区成员国教育发展的具体需求与实际情况，制定开发计划并负责监督施执行。1989 年联合国教科文组织在北京召开了"关于 21 世纪可预见的需求对当今教育质量的要求"国际专题讨论会和圆桌会议，这是联合国教科文组织第一次以 21 世纪教育为主题召开的高级别国际研讨会，这也是中国承办的与联合国教科文组织相关的首个重要会议。

二、世界教育理念对我国高等教育政策法规制定的影响

1993—1994 年应中国政府邀请，由世界银行官员和顾问组成的考察团对中国开展实地调研，于 1995 年 4 月发表《中国高等教育改革》研究报告（初稿），后经讨论与修改由中国财政经济出版社在 1998 年正式出版。该报告分别从中国高等教育改革进程、高校与政府的关系、高校管理改革和高等教育经费管理等层面对当时中国高等教育领域改革现状进行了全面总结与分析。另外，世界银行专家组于 1998 年 1 月、5 月和 1999 年 7 月对中国教育进行考察后发布《21 世纪中国教育战略目标》的研究报告，主要内容分为 6 个部分，建议"中国高等教育发展战略应当优先考虑办学规模的扩展，公立大学分别归属教育部和省级政府管理，各省需要制定优化结构的整体规划，对现有高等学校实行扩充、合并及关闭，并促使民办高等教育进入良性运行的状态"。1992 年邓小平的南方谈话和党的十四大为当时中国高等教育借鉴、学习当代世界高等教育理念奠定了一个良好的思想基础和政治环境。1993 年教育部颁发的《中国教育改革和发展纲要》中明确指出："必须坚持教育的改革开放，努力改革教育体制、教育结构、教学内容和方法，大胆吸收和借鉴人类社会的一切文明成果，勇于创新，敢于试验，不断发展和完善社会主义教育制度。"特别值得提及的是，1998 年 10 月联合国教科文组织在巴黎召开世界高等教育大会，中

国派出了以时任教育部部长陈至立为团长的代表团出席会议；陈至立在大会上作了题为《共同的使命与责任》的报告，并发表了题为《深刻变革中的高等教育》的演讲，这为中国教育事业深入学习、借鉴国际上先进思想观念提供了有力印证。2000 年 8 月 24 日，联合国教科文组织新任总干事松浦晃一郎应邀访问中国，并表达与中国在教育领域联系与合作的强烈意愿。上述事例充分体现了中国对当代世界高等教育理念的充分关注与足够重视。

20 世纪 90 年代是中国高等教育改革与发展的重要"十年"，其间，我国一些重要的关于教育方面的政策、法律和法规纷纷出台，如《中华人民共和国教育法》《中华人民共和国高等教育法》《中国教育改革和发展纲要》《面向 21 世纪教育振兴行动计划》《中共中央关于深化教育改革、全面推进素质教育的决定》，等等。这些教育政策和法律法规的制定与实施标志着中国高等教育发展的基本思路与方向，从这些教育政策和法律法规的内容来看，或多或少借鉴，并接受了当代世界高等教育的思想理念。下文就筛选其中几则具有重要参考价值的教育政策、法律和法规来进行举例说明。

（一）关于高等教育的扩招政策

自 20 世纪 90 年代以来，我国高等教育的发展从过去"控制规模"，逐渐转向至"适度扩大高等教育规模、优化结构、进一步提高高等教育质量和效益"，尤其是在 1999 年，根据当时制定的"积极稳步发展高等教育""通过各种形式积极发展高等教育"的发展方针，当年全国高等院校本、专科招生增长 32.1%，其中普通高校本专科招生增长 42.9%，在校生由 1998 年的 623.1 万人猛增至 718.9 万人。这是国家在发展高等教育政策上的一次重大调整。进入 2000 年后，这一增长态势再度呈现，这年全国高等教育本专科招生 376.76 万人，其中普通高校本专科招生 220.61 万人，比上年增加了 52.79 万人，增长 31.45%，在校生则达到 909.73 万人，我国高等教育正式进入大众化发展阶段。众所周知，国际上关于高等教育大众化的思想理念形成于 20 世纪 70 年代初（实际上最早在第二次世界大战结束后就已初见端倪），90 年代该思想作为当代世界高等教育的重要理念发展趋势受到进一步发展。自 20 世纪 80 年代后，我国高等教育理论界纷纷从国际比较、科教兴国、素质教育等多维度，进行过许多研究与探讨，这些理论突破就是在当代世界高等教育思想理念的大发展背景下进行的，也为进入 21 世纪以来中国高等教育执行扩招政策提供了必需的理论依据。教育部在《振兴教育事业，实施科教兴国战略》报告中对制定《面向 21 世纪教育振兴行动计划》（以下简称《行动计划》）进行宏观背景分析时，指出："许多动向表明，走向 21 世纪的世界教育正在出现新的变革趋势：教育投资成为国家和社会最必需和最有效益的基础性和生产性投资；教育将在更高普及程度的基础上，注重于提高质量和效益，把培养高素质人才，尤其是把培养社会责任感、创造精神、创新能力和综合素质摆到突出的位置；终身教育（终身学习）将是教育发展和社会进步的共同要求；现代信息技术在教育的广泛应用，将引起教育思想、观念、手段、方式乃至人才培养模式的深刻变化。教育的发展水平、人才培养的数量和质量，直接关系着国际竞争能力和综合国力水平。"

（二）关于高等教育的自主权政策

早在 1985 年中共中央颁布的《关于教育体制改革的决定》中就指出："当前高等教育体制改革的关键，就是改变政府对高等学校统得过多的管理体制，在国家统一的教育方针和计划的指导下，扩大高等学校的办学自主权，加强高等学校同生产、科研和社会其他各方面的联系，使高等学校具有主动适应经济和社会发展需要的积极性和能力。"1986 年国务院又专门发布《高等教育管理职责暂行规定》，明确规定大学拥有共 8 个方面的办学自主权。进入 20 世纪 90 年代后，我国教育部门在高等院校扩大自主权这一问题上有了新的认识。1993 年《中国教育改革和发展纲要》对高等学校自主权作了进一步的阐述："在政府与学校的关系上，要按照政事分开的原则，通过立法，明确高等学校的权利和义务，使高等学校真正成为面向社会自主办学的法人实体。"1998 年《中华人民共和国高等教育法》对高等学校的自主权予以法律规定："明确高等学校的法人资格，高等学校的校长为高等学校的法定代表人；根据社会需求、办学条件和国家核定的办学规模，制定招生方案，自主调节系科招生比例；依法自主设置和调整学科、专业；根据教学需要，自主制定教学计划、选编教材、组织实施教学活动；根据自身条件，自主开展科学研究、技术开发和社会服务。"1999 年中共中央、国务院《关于深化教育改革、全面推进素质教育的决定》提出："按照《中华人民共和国高等教育法》的规定，切实落实和扩大高等学校的办学自主权，增强学校适应当地经济社会发展的活力，加强对高等学校的监督和办学质量检查，逐步形成对学校办学行为和教育质量的社会监督机制以及评价体系；进一步扩大高等学校招生、专业设置等的自主权，高等学校可以到外地合作办学。"因此，从上述关于高等教育自主权的重要政策和法规条款来看，实际上受到当代世界高等教育理念一定影响。首先，教育主管部门对高等院校自主权的问题逐渐加大重视。当时在教育部对扩大高等教育自主权的重视程度加剧，一方面是为了改善长期以来制约我国高等教育发展的"大一统"传统思维，以此激发高等院校的积极性；另一方面是对当代世界高等教育理念发展做出的积极回应，这与当代世界高等教育理念对"追求大学自治和学术自由"这一理念具有紧密联系。2000 年 2 月世界银行和联合国教科文组织合作成立的一个专家组，经近两年的调查和研究，联合发表了题为《发展中国家的高等教育：危机与前景》的报告，指出："体制是焦点所在，应该使发展中国家的高等教育体制能够具有多样性。"其次，把扩大高等学校的自主权与增强高等学校的针对性紧密结合起来，即通过扩大高校自主权来适应当地经济社会发展的能力，从而"使高等学校真正成为面向社会自主办学的法人实体"。其中所包含的指导思想在以下方面与当代世界高等教育发展理念具有高度吻合：一是高等院校自主权的获得有助于增强高等教育的针对性。二是高等院校获得自主权，其最终目的是主动适应社会发展的需要。最后，将扩大高等学校的自主权与加强对高等学校的科学评估结合起来。早在1985年的《中共中央关于教育体制改革的决定》便提出将扩大高等学校的自主权与加强对高等学校的评估相结合起来。然而，政策的实施，通常具有一定的滞后性。从20世纪80年代后期至20世纪90年代初，尽管我国高校的自主权逐步扩大，但对高校的评估却迟迟未全面展开，直到2000年前后，教育部门对高校办学水平的评估、本科教学水平的评估以及研究生质量评估工作不断深入。在当代世界高等教育发展理念中，高等院校的自治被认为提高高等教育质量的重要途径，同时也被视为可能带来高等教育质量问题的严重隐患。因此，强调对高等教育质量的评估，以此确保教育质量不至于下滑。

（三）关于高等教育经费筹措多元化的政策

早在1985年，《中共中央关于教育体制改革的决定》就提出"在执行国家的政策、法令、计划的前提下，高等学校有权在计划外接受委托培养学生和招收自费生……要发挥潜力，接受委托，为其他部门和单位培养学生"。伴随着我国高等教育体制改革的不断深入，高等教育的经费筹措多元化体制得到进一步发展，特别是《中华人民共和国高等教育法》确立了"国家建立以财政拨款为主、其他多种渠道筹措高等教育经费为辅的体制……国家鼓励企业事业组织、社会团体及其他社会组织和个人向高等教育投入"。中共中央、国务院《关于深化教育改革、全面推进素质教育的决定》又进一步提出："进一步完善教育经费拨款办法，充分发挥教育拨款在宏观调控中的作用，不断提高教育经费的使用效益……政府的教育拨款主要用于保证普及义务教育和承担普通高等教育的大部分经费……在非义务教育阶段，要适当增加学费在培养成本中的比例，逐步建立符合社会主义市场经济体制以及政府公共财政体制的财政教育拨款政策和成本分担机制……积极运用财政、金融和税收政策，继续鼓励社会、个人和企业投资办学和捐（集）资助学，不断完善多渠道筹措教育经费的体制。"这一时期内我国教育在发展教育经费筹措的政策上受到部分当代世界高等教育理念的影响，并结合国际性组织关于"中国高等教育改革"所给出的建议，对我国高等教育的经费筹措机制多元化建立与完善发挥了重要的推动作用。结合当代世界高等教育的有关理念，中国高等教育经费筹措多元化呈现出以下几个特征：一是面对高校逐年扩大招生规模的趋势，一方面强调发展高等教育的国家责任，另一方面也积极寻求高等教育资金来源的多样化；二是强调把经费筹措与加强经费管理、提高经费使用效益结合起来；三是制定和健全各种经费筹措与管理的政策与机制。

（四）关于高等教育的民营化政策

虽然中国高等教育的民营化趋势形成于 20 世纪 90 年代，但早在 10 年前关于我国高等教育民营问题已经引起关注，尤其是自《中共中央关于教育体制改革的决定》颁布以后，高等院校尝试多渠道筹措教育经费，开始招收部分自费生。与此同时，个别地区相继出现通过社会力量举办高等院校的现象。1987 年 7 月 8 日国家教委颁布《关于社会力量办学的若干暂行规定》指出："社会力量办学是我国教育事业的组成部分，是国家办学的补充；各级人民政府及教育行政部门应鼓励和支持社会力量举办各种教育事业，维护学校正当权益，保护办学积极性，在条件允许的情况下，尽力帮助解决办学中存在的困难，对办学成绩卓著者给予表彰和奖励。"另一方面，这时期内国内高等教育理论工作者对我国高等教育的民营化问题也开展了大量研究。1988年6月22日，潘懋元教授在《光明日报》发表《关于民办高等教育体制的探讨》一文，从历史与现实的角度对我国民办高等教育进行考察，阐释了我国民办高等教育的重要实践意义。《中国教育改革和发展纲要》中要求："高等教育要逐步形成以中央、省（自治区、直辖市）两级政府办学为主、社会各界参与办学的新格局"；1994年在国务院《关于〈中国教育改革和发展纲要〉的实施意见》中更明确地提出："普通高等学校实行以政府办学为主，积极发展多种形式的联合办学；某些种类的高等学校可以试行以学生缴费和社会集资为主，国家财政补助为辅的办学模式"。另外，国家教育委员会《关于进一步改革和发展成人高等教育的意见》也提出："要加强对社会力量办的高等学校的指导和扶持，在评估、奖励等管理工作中，应与其他高等学校一视同仁。"1995年《中华人民共和国教育法》做出规定："国家鼓励企业事业组织、社会团体、其他社会组织及公民个人依法举办学校及其他教育机构。"正是上述政策、法律法规的积极引导，极大地促进了我国民办高等教育的蓬勃发展。据不完全统计，截至1997年底，当时全国有民办高等学校1095所，在校学生数达119万。1997年7月31日，国务院颁布《社会力量办学条例》，提出"国家对社会力量办学实行积极鼓励、大力支持、正确引导、加强管理"的方针；同时强调"社会力量应当举办实施职业教育、成人教育、高级中等教育和学前教育的教育机构作为重点"。同年10月14日，国家教育委员会发布《关于实施〈社会力量办学条例〉若干问题的意见》，该意见指出："高等教育机构的设置要经过认真考察、充分论证、从严掌握；在审批教育机构时，除考察办学条件外，还应注重考察申办者的办学能力、思想素质和办学目的；对于以营利为目的以及申办者不适宜从事办学活动的，不予批准举办。"从以上政策条文来看，出于种种原因和考虑，国家对当时民办高等教育实施了严格控制，截至 1999 年底，在全国 1610 所民办高校中只有 37 所获得教育部批准可以颁发学历文凭。这一现状随着 20 世纪 90 年代末我国高等教育招生规模扩大而逐渐有所改观，1999 年 6 月中共中央、国务院《关于深化教育改革全面推进素质教育的决定》颁布，提出："进一步解放思想、转变观念，积极鼓励和支持社会力量以多种形式办学，满足人民群众日益增长的教育需求，形成以政府办学为主体、公办学校和民办学校共同发展的格局。"无论是 20 世纪 80 年代我国高等教育开始民营化理论探讨，还是在随后的 90 年代逐渐发展的高等教育形成的民营化趋势，借鉴、学习国际上有关理论和相关经验对于当时我国推动民办高等教育发展发挥着重要作用。例如我国民营化发展趋势与世界银行 1994 年发表的《高等教育：从经验中学习教训》中关于"鼓励私立高等教育发展"的观点以及世界银行的《中国高等教育改革》报告书也向中国政府提出建议："鼓励成立民办或私立院校，按照国家标准严格质量评审程序并支持其改善设施"等理念具有密切联系。

三、当代世界教育理念对我国高等教育教学改革的影响

当代世界上先进教育理念除了对我国高等教育领域相关政策、法律法规的制定造成一定影响之外，还在很大程度上对我国高等教育改革的实施产生影响，以下就我国高等教育改革实践过程中受到当代世界教育理念的启发或借鉴之处进行简要论述。

（一）素质教育改革

中国高等教育领域对"素质教育"的关注源于 20 世纪 80 年代初，当时大学生群体的基础素养普遍较差，绝大多数的语文、历史基础知识

缺乏，部分学生甚至缺乏基本的地理历史知识以及思想道德观念，为此，一些学者提出提高大学生素质，"提高学生的素养应该是全面的，包括政治的素养、品德的素养、文化的素养和科学的素养，以及身体的素养"。许多高等院校也提出要进行"通才教育""文理渗透"的教学改革，特别是一些理工类院校纷纷开设人文类课程，以加强对学生文化素养的培养。1985 年中共中央《关于教育体制改革的决定》提出"改变专业过于狭窄的状况，精简和更新教学内容，增加实践环节，减少必修课，增加选修课，实行学分制和双学位制，增加自学时间和课外学习活动，有指导地开展勤工助学活动等"，实际上开始重点强化对学生综合能力素质的全面培养。进入 20 世纪 90 年代以来，伴随着素质教育在基础教育阶段得以不断重视，相应的高等教育阶段的素质教育问题也引起越来越多的关注。1993 年《中国教育改革和发展纲要》中提出："高等教育要进一步改变专业设置偏窄的状况，拓宽专业业务范围，加强实践环节的教学和训练，发展同社会实际工作部门的合作培养，促进教学、科研、生产三结合。"1994 年底和 1995 年初全面启动的《面向 21 世纪教学内容和课程体系改革计划》，把加强大学生文化素质教育作为重点改革内容——"通过课内外各种形式的活动，加强对大学生的人文社会科学有关理论和知识的教育，提高大学生的文化品位和素养，使大学生综合素质得到全面发展，并基于这一精神组织开展试点工作"。1999 年中共中央、国务院《关于深化教育改革、全面推进素质教育的决定》进一步强调："高等教育要重视培养大学生的创新能力、实践能力和创业精神，普遍提高大学生的人文素养和科学素质。"当时国内关于素质教育改革主要是作为一种教育理念而提出的，这与当代世界高等教育理念具有高度吻合。例如，素质教育核心思想——以人为本，体现的是教育对人的全面发展的人文关照，从时间维度上，它并非仅仅局限于学生大学阶段这一时期，而是关注学生终身受用的素质养成；从功能维度上，它的出发点并非仅仅是提供学生今后的工作技能，而是特别看重人文素养的养成；从对象维度上，它所着眼的也不是少数学生的成功，而是全体学生的成才，这一思想理念与当代世界高等教育理念的人文主义价值观是基本一致的。

（二）教育教学方法创新

教学方法上的创新与前文所述的"素质教育改革"有密切联系，有学者甚至认为"创新是素质教育的核心"。尽管我国高等教育一直把引导大学生独立探索作为其教学过程有别于中、小学教学过程的典型特征之一，然而对于教育教学方法的创新的重视主要发生在 20 世纪 90 年代后期，尤其是江泽民提出的"创新是一个民族的灵魂，是一个国家兴旺发达的不竭动力"，对我国高等教育领域加强对学生创新能力的培养具有巨大的推动作用。另外，在《面向 21 世纪教育振兴行动计划》中有两个专题主要涉及高等教育创新问题："一是高等学校要跟踪国际学术发展前沿，成为知识创新和高层次创造性人才培养的基地；二是继续并加快进行'211 工程'建设，大力提高高等学校的知识创新能力。"中共中央、国务院《关于深化教育改革全面推进素质教育的决定》进一步提出："高等教育要重视培养大学生的创新能力、实践能力和创业精神。"这一时期内中国高等教育对创新问题的重视与具体实践，与以下三个层面的发展背景具有密切关系；一是全球范围内科学技术快速发展，知识经济与创新能力正在国家经济发展过程中发挥着越来越突出的作用；二是受世界各国高等教育创新思潮的影响，如"高等院校必须教育大学生成为学识渊博且有远大抱负的公民，能够以批判精神进行思考，会分析社会问题，能研究和运用解决社会问题的办法并承担起社会责任"；三是当前我国不容乐观高等教育教学状况，创新能力不足一直为人们所长期诟病，因此我国教育主管部门对高等教育创新能力改革给予特别的重视。

（三）现代信息技术在教学中运用

对于现代信息技术所给予高等教育教学改革造成的优势与缺点，已经成为国际高等教育发展的一个热门话题，甚至一些当代世界高等教育理念的形成都是建立在现代信息技术发展这一基础上的。联合国教科文组织于 1998 年 10 月 5 日发布的《21 世纪的高等教育：展望与行动世界宣言》指出，"新的信息和传播技术的迅速发展，将进一步改变知识的发展、获得与传授的途径；高等院校必须带头利用新的信息与传播技术的优势和潜力，以开放、平等和国际合作的精神来保证高教质量和保持高水平的教育工作和成果"。哈佛大学第 26 任校长陆登庭对此也曾发表类似的观点："由多种技术集成的互联网，极大地加强了大学中最为有效的传统教学方式，在许多校园里，它所产生的影响在强度和广度上都已超过以往的任何信息技术创新，而且它带来的变化仅仅是刚开始。"他认为："教育从根本上说是一个人文过程，是有关价值的事情，而不仅仅是信息或知识。"我国教育教学理论界对这一问题开展了长期的关注和探讨。教育学家顾明远教授就曾指出："教育技术的运用不仅会引起教育领域的革命，而且会促进教育思想的变化，其在教育中的影响是不可估量的。"中国教育学会常务副会长谈松华教授认为："信息技术的应用将引起教育观念和教育模式的变革，更值得我们关注，包括教育手段的现代化、教育过程的民主化、教育组织的机动化以及师生关系的改变等，这些都是面向 21 世纪教育的若干发展趋势。"同时，在教育教学实践领域对此也进行了一些尝试。1999 年 9 月中国第一个虚拟大学园在深圳启建，并呈现出良好的发展势头。2000 年 9 月清华大学等 31 所高校建立的网络大学在全国开始招生。应当说，我国高等教育对于信息技术的应用的理论探索与实践应用紧扣世界高等教育思想理念的发展趋势，体现了当代世界教育理念对中国高等教育教学改革领域的现实影响。

第二节　我国高等教育"大众化"发展趋势概况

大众化与普及化已经成为 20 世纪 60 年代以来全球高等教育发展的总体趋势，随着各国高等教育的规模不断扩张、办学实力相应提升，大学生录取人数也相应地持续增加，这便是高等教育呈现出大众化发展态势的物理基础。与世界发展趋势类似，我国自实施"改革开放"以来，高等教育事业得以蓬勃发展，无论是在校大学生人数、高等院校数量、专职教师队伍以及高等教育研究人员等都已经位居世界前列，高等教育大国实至名归。

教育部 2022 年公布的统计数据表明，2021 年全国共有高等学校 3012 所。其中，普通本科学校 1238 所（含独立学院 164 所），比上年减少 11 所；本科层次职业学校 32 所，比上年增加 11 所；高职（专科）学校 1486 所，比上年增加 18 所；成人高等学校 256 所，比上年减少 9 所。另有培养研究生的科研机构 233 所。

各种形式的高等教育在学总规模 4430 万人，比上年增加 247 万人。高等教育毛入学率 57.8%，比上年提高 3.4 个百分点。普通本科学校校均规模 16366 人，本科层次职业学校均规模 18403 人，高职（专科）学校校均规模 9470 人。

研究生招生 117.65 万人，比上年增加 7.00 万人，增长 6.32%；其中，博士生 12.58 万人，硕士生 105.07 万人。在学研究生 333.24 万人，比上年增加 19.28 万人，增长 6.14%；其中，在学博士生 50.95 万人，在学硕士生 282.29 万人。毕业研究生 77.28 万人，其中，毕业博士生 7.20 万人，毕业硕士生 70.07 万人。

普通本科招生 444.60 万人，比上年增加 5.33 万人，增长 1.21%，另有专科起点本科招生 71.77 万人；在校生 1893.10 万人，比上年增加 74.70 万人，增长 4.11%；毕业生 428.10 万人，比上年增加 7.59 万人，增长 1.80%。

职业本科招生 4.14 万人，比上年增加 2946 人，增长 7.66%，另有专科起点本科招生 1.51 万人。在校生 12.93 万人，比上年增加 5.59 万人，增长 76.18%。

高职（专科）招生 552.58 万人（含五年制高职转入专科招生 45.20 万人），同口径比上年减少 18.03 万人，下降 3.16%；在校生 1590.10 万人，比上年增加 130.55 万人，增长 8.94%；毕业生 398.41 万人，比上年增加 21.72 万人，增长 5.77%。

成人本专科招生 378.53 万人，比上年增加 14.77 万人，增长 4.06%；在校生 832.65 万人，比上年增加 55.36 万人，增长 7.12%；毕业生 277.95 万人，比上年增加 30.99 万人，增长 12.55%。

网络本专科招生 283.92 万人，比上年增加 6.01 万人，增长 2.16%；在校生 873.90 万人，比上年增加 27.45 万人，增长 3.24%；毕业生 259.06 万人，比上年减少 13.19 万人，下降 4.84%。

全国高等教育自学考试学历教育报考 625.78 万人次，取得毕业证书 48.94 万人。

高等教育专任教师 188.52 万人，其中，普通本科学校 126.97 万人；本科层次职业学校 2.56 万人；高职（专科）学校 57.02 万人；成人高等学校 1.97 万人。普通本科学校生师比 17.90∶1，本科层次职业学校生师比 19.38∶1，高职（专科）学校生师比 19.85∶1。

普通、职业高等学校共有校舍建筑面积 108767.29 万平方米，比上年增加 3472.37 万平方米，增长 3.30%。生均占地面积 58.29 平方米，生均校舍建筑面积 27.90 平方米，生均教学科研实习仪器设备值为

17091.23 元。

　　与此同时，我国高等教育正逐步由过去的"精英教育"向"大众化教育"转向，当前高等教育大众化已然成为无论是高等教育思想还是教学改革实践领域的热点话题，为此，本节对我国高等教育在创新发展方面所呈现的大众化教育的核心内涵、发展背景以及典型特征等一一加以概述，以此明晰我国在高等教育领域创新发展所取得的重要成效。

一、关于高等教育"大众化"核心理念的基本内涵

　　关于高等教育大众化的核心内涵，首先是受教育的学生数量取得较大的发展。全世界范围内"高等教育大众化"有一个约定俗成的数量指标，就是美国大学伯克利分校社会学教授马丁·特罗提出的该国高等教育毛入学率达到 15% ～ 50%，其中高等教育毛入学率是指已入学学生的人数（即在校生数）占应入学的该学龄组总人数的比率。长期以来，我国在统计高等教育毛入学率时，在校人数包括：研究生、普通高校本专科生、成人高校本专科生、军事院校在校生、学历文凭考试通过者、电大视听生注册人数（乘以 0.3）、高等教育自学考试毕业数（乘以 0.5）等七部分组成，而高等教育适龄人口是指年龄在 18 至 22 周岁之间年龄组的人口数。截至 2018 年底，我国普通高校毛入学率为 48.1%，在 2019 年超过 50%，进入普及化阶段，高等教育大众化取得重大进展。然而，在校学生的数量绝非"高等教育大众化"这一概念的全部。过去的部分研究由于仍按照传统精英教育模式下的标准来评估大众化教育下受教育人数的变化而得出片面的结论，乃至陷入困惑。因此，在参考别人研究成果以及行业报告、政策性文件等基础上，当代高等教育大众化的思想观念其核心内涵还应还包括以下几点。

　　一是物理性办学机构的创建。"高等教育大众化要得以实现，必定要在一国的传统大学之外，设立不同于精英教育的大众型教育机构"。

这种有别于传统精英教育模式的办学实体，在美国被称为赠地学院，在日本为专门学校，在韩国、菲律宾、泰国等则是私立大学。该类教育机构在管理方式、专业设置、招生要求、学习年限、毕业资格上都不同于传统的高等院校，具有开放、面向大众、自由入学、管理更加人性化等时代特征。

二是具有与高等教育衔接的规模较大的中学教学机构。综合制高中的普及程度对于高等教育的入学生源构成直接影响。事实证明，美国、韩国等国家的高等教育发展之所以得以迅速进入大众化，其中一个重要因素就是这些国家高中阶段的普及化程度较高。与此同时，英国、德国等国的高等教育大众化进程多年徘徊不前，也正是由于缺乏较高普及化的中等教育的生源数量。

三是实现高等教育大众化所必备的市场经济机制。在市场经济的运行下，通过市场机制配置教育资源，致使高等教育的发展方向一直处于满足市场经济需求并调节高等教育资源的正向循环之中。此外，实现高等教育大众化的基本条件是足够的资金投入。高等教育大众化所需要增加的资金投入，远远高于基础教育阶段的普及义务教育，大众化与政府资金投入不足的矛盾，成为世界性的问题。因此，为有效规避这一难题，很多包括发达国家在内的世界各国通常采取增源与节流两种办法，增源就是通过发展私立（民办）高等教育，以吸收私人投资或收取学生较高的学费；节流就是采取非精英教育的消费水平以扩大高等教育；另外，中国对民办高等教育的投入，允许给予适当的回报，并加强立法管理，这就为高等教育大众化开辟了一条重要的增源途径，有利于促进高等教育规模的快速扩充。

四是高等教育大众化与精英化具有内部包含的关系。所谓"大众化阶段"，是就高等教育的总体而言，并不排斥而应包括精英教育作为它的组成部分。大众化是培养社会需求的大规模高素质人才，但并不排除英才教育。在大众化阶段，精英高等教育机构不仅存在而且还很繁荣。以美国高等教育的大众化发展态势来看，既有社区学院，又有研究型大学。因此，对即将迈进入普及化阶段的我国高等教育而言，传统精英教育机构（如985重点高校、211重点高校和"双一流"重点建设高校）与普通本科院校、大众化教育机构（高等专科学校、成人高校、高等职业技术学院（学校）及非学历教育的教育培训机构）等共同构成我国高等教育的主体，并发挥着不同教育功能，但都具有重要作用。

五是高等教育大众化是一个动态发展过程。首先，从社会背景来看，高等教育大众化是适应经济发展、社会进步等时代发展需求而建立的市场化供需平衡的过程，其发展过程与一个国家的命运息息相关；其次，从整个教育系统而言，实施大众化的高等教育有利于某个国家整个教育系统健康运行，是中、小学阶段整体教育质量提升的直接动力，同时也为初级阶段的教育提供优秀的教师人员以及教学管理人才，促进中、小学阶段教育的良性发展；最后，就高等教育自身发展规律而论，大众化也是高等教育发展至较高阶段的动态质变过程，具有其内部发展的规律性。

六是实现高等教育大众化的必要前提是要调整现有高等教育基本结构，以适应于大众化的需要。在大众化阶段，人们开始逐渐把接受高等教育视为自己的权利，高等学校的功能虽然仍是培养精英，包括所有经济和技术组织中的领导阶层，但教育的重心已从塑造人格转向传授更为具体的技能。实现高等教育大众化必须深化高等教育管理体制和办学体制改革。首先，必须降低教育成本、杜绝浪费，优化多种资源配置，深化高校人事、后勤体制改革，消除机构臃肿现象，减轻学生负担，降低培养成本。其次，必须深化高校专业设置、课程体系、教学内容和教学方法的改革，提高教育质量，让学生学到真正有用的知识和能力，使学生具有较强的社会适应能力和生存能力。再次，必须深化高等教育管理体制改革，改革政府管理高等教育的方式，扩大高等学校办学自主权，使高等学校满足市场经济的需要，在发展规模、培养质量、学科结构上反映市场经济对人才数量、质量和规格的要求，使高等学校成为面向社会、依法自主办学的法人实体。最后，实现高等教育大众化必须深化高等教育结构改革，教育的目的是提高劳动者素质，我国高等教育大众化不仅应该为提高新生劳动力素质服务，而且应该为提高现有劳动力素质服务。

七是高等教育大众化的实践过程具有多样化。在宏观层面上：从高等教育供给者——高等教育机构是否坚持统一的学术标准出发，可以分为多元化扩展和一元化膨胀两种模式；从承担大众化任务的重点对象不同可以分为国立本位大众化和私立本位大众化。在东方国家，尤其是东亚，高等教育的扩展首先是建立在等级或层次的基础上的，是先层次化再多样化式的扩展；而在西方国家，多样化入学者在"宽进严出"的政策下以能力进行优胜劣汰，实现层次化，这是一条先多样化再层次化的历程。在微观层面上：发展研究型的高等教育机构，通过产学研合作，为大众化作出贡献；原来精英阶段的普通本科院校，一方面要继续保证适度规模的英才教育培养，另一方面应多渠道满足大众化需求；社区型高等教育机构是实现高等教育大众化的一大生力军；成人教育和高等职业教育机构是培养人才的良好手段；大力扶持并提倡各类"非大学型"或称为"隐性高校"的教育手段，并成为各国大众化和普及化过程中竞相开发利用的有效形式。

二、高教领域"大众化"发展模式的时代演化规律

（一）美国与我国高等教育"大众化"发展趋势的类比分析

纵观当代世界高等教育发展史，从"二战"结束后迄今，在大力普

及推广中、小学阶段教育的基础上，西方各发达国家大都在 20 世纪 50 年代后期到 70 年代初期基本实现了高等教育大众化，随着 20 世纪 80 年代的持续稳定发展，到 20 世纪 90 年代呈现出加速发展的态势，逐渐由"大众化"阶段过渡至"普及化"阶段，少数国家甚至进入"全民化"阶段。据联合国教科文组织的相关统计显示，进入 20 世纪 80 年代后，迈进高等教育大众化阶段的国家有 47 个，到 1993 年 53 个发达国家和部分地区的高等教育的平均毛入学率达到 47.4%。在世界性高等教育大众化大力发展过程中，各发达国家的发展模式具有较大差异。例如，英国高等教育大众化的推进策略主要是通过政府力量发展公立高等教育而实现的，美国高等教育大众化的进程的实施措施亦与英国基本类似，日本采取促进高等教育大众化发展的主要措施是运用民间力量大力发展私立高等教育而实现的。

1. 美国高等教育大众化发展的基本情况

美国高等教育大众化的进程始于 20 世纪 40 年代末期，当时实施这一措施的现实考虑主要是基于缓解 1200 万即将从战场上归来的退役军人的巨大就业压力。20 世纪 60 年代至 70 年代初，被美国高等教育界人士称之为美国高等教育的大众化正式迈进阶段，到 20 世纪 80 年代末基本实现了美国高等教育的大众化，据 1995 年联合国教科文组织的相关数据，当时美国高等教育的毛入学率已经超过了 50%，进入高等教育"普及化"阶段。美国高等教育大众化发展的总体情况如下。

（1）高校在校学生数量大幅增加。1930 年，美国约有 101.1 万大学生，18 至 22 岁适龄人口入学率为 7.2%；到 1970 年，美国高等院校学生人数为 792 万，18 至 22 岁适龄人口入学率为 32.1%，1996 年度美国高校各类学生数量已经达到 1670 万，近年来，基本维持在 1300～1500 万的变化幅度。

（2）高校规模空前扩大。美国单个高等院校逐渐向大、中型规模演化，出现拥有数十万在校大学生的巨型大学。早在 1955 年，美国近一半高校的学生不足 500 人，千人以下的学校占院校总数的 70% 以上，万人大学仅占 2.2%；至 1968 年，500 人以下的高校占比降为 25%，千人以下大学降至 50%，万人以上大学反而增至 7.2%，高校平均学生人数由 1951 年 1134 人增加到 1968 年 2790 人。另外，高校数量激增、分布更为广泛。美国高校从 1947 年的 1749 所增加到 1994 年的 3630 所。美国的社区学院在 1939 年有 575 所，到 1994 年发展到 1236 所，逐渐构建了分布全国的社区学院系统。

（3）高教体系多样化。高教体系多样化，形成了多类型、多层次和多种教育形式并存的高等教育综合体系。美国的高教体系由公、私立高校及巨型大学、社区学院和各种专科学院、研究型大学和博士授予单位等组成；其教育、教学形式较为多样化，成人教育、职业教育、研究生教育、远程教育、国际教育、函授教育、各种专业教育、技术培训教育、开放式教育等教育形式伴随着高等教育大众化发展而逐渐建立并不断加以完善；教育手段多采用信息网络技术，实行远程教学；教育对象也表现出社会化特点，尤其是大规模面向非传统学生（如成人、少数民族、低收入家庭、非全日制、成绩一般且需要辅修的在校学生）。

（4）经费来源多样化。美国高等教育逐渐形成由政府与企业资助、银行贷款、半工半读项目、基金会赞助、个人自费以及减免税等优惠政策组成的多样化经费支持体系。例如 1990 年美国的高教经费中，联邦拨款仅占 12%，州和地方政府拨款占 30%，社会捐助达 8%，学费收入占 24%，学校创收占 26%。

2. 我国高等教育大众化发展的基本情况

彼时我国高等教育的发展仍处于起步阶段，基础非常薄弱，然而经过长达约一个世纪的艰苦发展与不懈努力，我国的高等教育取得了举世瞩目的成就。特别是改革开放以来，我国高等教育的毛入学率从1978年的1.9%提升至2018年的48.1%，正在由"大众化教育"阶段逐渐进入"普及化教育"阶段，高等教育大众化取得历史性进步。总体而言，我国高等教育经历了非常曲折与艰难发展的历程，呈现出非常态性、波动性和补偿性的基本特征。从20世纪40年代末中华人民共和国成立到20世纪六七十年代，我国高校扩招规模很大，同时也具有明显的波动性，政策导向与变动对当时高等教育的发展具有直接影响，在一定程度上给我国高等教育事业长期健康的推进造成了影响。20世纪80年代之后，我国的高等教育事业逐渐步入正轨，进入了高速发展时期。进入20世纪90年代后，我国国民经济发展非常迅猛，人民物质生活水平日益提高，如果高等教育落后于经济发展，很大可能会影响国家经济社会科技的进一步发展以及人民生活质量持续提高。为此，为了进一步适应21世纪知识经济时代的发展趋势，真正实现"科教兴国"战略目标，增强国家综合国力，国务院审议并批准教育部的《面向21世纪教育振兴行动计划》以及中共中央、国务院《关于深化教育改革，全面推进素质教育的决定》等重要纲领性文件。至此，"高等教育大众化"成为21世纪前10年我国高等教育改革与创新性发展的主要方向。众所周知，教育是一类具有高度复杂性、多对象参与的社会化活动，影响高等教育大众化的因素有很多，下面主要从政治、经济、人口三方面进行具体阐述。

（1）政治环境。政治是影响我国高等教育大众化发展的关键性因素。早在1958年中共中央发布的《关于教育工作的指示》，使我国高等教育发展迈入第一次高潮；1978年党的十一届三中全会以后，恢复高考使我国高等教育发展出现了第二次高潮；1998年我国的高校扩招政策掀起我国高等教育发展的第三次高潮，并且其影响程度远超前两次。因此，可以清晰地看出，政府作为高等教育政策的制定者和执行人对我国高等教育发展起到关键作用。近年来，我国政府更加重视高等教育，伴随着在国家层面"科教兴国"的发展战略正式提出并实施，知识经济、智力驱动的信息化时代已经到来，我国对高等教育发展在社会和经济发展所发挥的作用的认识已提高到前所未有的高度。

（2）经济状况。一个国家高等教育的发展，首先必须要顺应于社会需求和经济发展需求。进入 21 世纪以来，伴随着知识经济、智能创新时代的到来，我国社会发展和经济增长及人民生活水平的提高，社会各行业对就业人员的学历要求愈来愈高，大多数对专业业务能力要求较高的职业岗位往往都需要从业人员接受系统化的高等教育为基本条件；加之我国独生子女家庭对子女的期望和对国家高等教育发展的要求已经远远超过其他同等经济发展水平的国家。1990 年，国家教委规划办曾提出 2000 年高校的毛入学率要达到 5.2% 左右的发展目标，结果这个发展目标在 1995 年就已经实现，于是将此目标修正为 8%，结果在 1997 年又提前完成，表明社会对高等教育发展的强烈需求已经非常迫切。另外，我国城乡居民储蓄在 1978 年底仅为 210 亿元，而至 2001 年 8 月底已高达 7 万亿元；根据国家统计局的调查，我国 90% 的家长希望子女能接受高等教育，"为子女教育作准备"的储蓄动机所占的比重达到 61%，且明显高于为就医、养老和购房的储蓄动机（所占比例分别为 51%，46% 和 37%）。据联合国教科文组织统计，1995 年世界各国平均高等教育毛入学率已达 16.2%。同时，知识经济时代的到来使社会生产力的核心价值发生了重大变化，知识经济是建立在知识和信息的生产、流通、分配和使用等各环节的经济模式，生产力中占主导地位的资源和生产要素，既不是资本，也不是土地和一般性体力劳动，而是知识，包括科学技术、社会科学、管理科学、网络信息等智力劳动实践。我国经济已经逐渐由过去的"粗放型"向"集约型"转型，产业结构和劳动力等资源配置上也随之发生深刻改变，对具有高素质、专业性劳动力资源的需求不断增加，因此高等教育的重心也逐步上移，最终进一步促进了我国高等教育整体质量的提升与全面发展。知识经济其实质是市场化竞争的经济模式，而经济竞争的实质，归根到底是人才的竞争和素质的较量。高等教育培养出来的人才必须适应我国技术密集型和智力密集型经济发展模式的基本特征，才能以满足社会经济发展的需要。与此同时，从经济运行的过程，即投入与产出的流动状况来看，强化对高等教育发展的支持力度，不仅本身就是加快发展技术型、智力型以及密集型产业的人力资源保障，还是促进经济快速、持续、健康发展的根本性措施，国家已将高等教育行业视为一种特殊性大众化产业，并成为扩大内需、刺激消费的重要手段。

（3）人口背景。众所周知，我国是世界上人口最多的国家，较高的人口基数给我国高等教育大众化发展造成不小的压力。人口对高等教育的影响主要表现在两个方面：一是人们对高等教育的需求越来越强烈，尽管我国一直在扩大招生规模，但仍难以满足广大学生和家长的迫切要求，有调查数据显示，我国高等教育学龄人口（18～22岁）高峰期为2006—2010年，年平均人数为8955万人，顶峰在2007年，高达9200万人，这充分说明我国特殊的人口结构对我国高等教育的发展造成了重要影响；二是接受高等教育学生的性别和民族比例在长期的发展进程中已经发生转变，其中女学生和少数民族学生在大学生总数中所占的比重不断增加，这种趋势同国际上高等教育大众化发展进程具有一致性。

（二）高等教育"大众化"在发展进程中所呈现的典型特征

在高等教育"大众化"的总体发展趋势下，随着接受大学教育的学生规模不断增加导致高等教育各环节发生重大变化，具体体现在高校财政和管理、学生入学和选拔、课程设置和教学形式、教师的职能、培养与社会化管理、教学标准的制定与保持、考试方式与授予资格、学生的住宿和安排、学习动机和学风建设、教学和科研均衡发展，等等。下面从其中三个层面对高等教育大众化过程中高等教育领域所呈现的典型特征加以探讨。

（1）经费投资主体的多元化。这是高等教育大众化发展至成熟阶段的显著标志。在大众化进程中，高等教育体制逐渐由单一的国家财政拨款的经费筹措方式转变为中央、地方和民间三种成分并存的经费筹措体制。过去我国的高等教育基本上由国家包办，而在大众化阶段，由于学生规模剧增，国家财力有限，要进一步发展高等教育，必须促进地方和民间资本的高等教育投资。我国自实行改革开放以来，个人、单位等民间投资教育尤其是投资高等教育的能力和期望都在不断增强，国家实行收费教育并发展私立大学给个人投资教育提供了很好的契机，同时也让部分无法上大学的学生有了进一步深造的机会。在引导私人和地方投资高等教育、大力发展民办高等教育的同时，国家大幅增加对传统精英类高等教育的投入，特别是对重点大学的投入，使其改善办学条件、弥补其在发展过程中硬件设施及其软件环境等各方面的短板，使其尽快达到国际先进水平。

（2）高等教育结构的多样化、多层次化。高等教育大众化的发展目标不仅仅是追求量的变化，而且也非常重视质的改善，是"量"与"质"的高度统一。首先，注重培养目标的多样化。在以往的精英阶段主要重视人的培养与社会化，高等教育要为国家发展与政府决策服务，因此培养高素质人才是政府贯彻落实相关发展计划的重要人力保障；然而，在大众化阶段，由于大学生人数大幅增加，学生的求学目的和社会需求的多样化导致高等教育结构、目标以及教学管理的多样化。其次，强调培养方式多样化。在大众化阶段，学生具有更多的选择余地与自主空间，在课程设置、组织安排方面学生由被动转为积极主动，并有更加灵活的学习空间与参与时间。因此，随着社会现代化水平的不断提高，高等教育大众化程度相应提升，高等教育结构越来越呈现出多样化、多层次化的特征，导致形成这一趋势的主要原因在于：一方面，科学技术的发展伴随着生产组织的现代化、社会分工的现代化，必然需要多样化、多层次的专业型人才；另一方面，学生对高等教育的期望以及他们自身的个人能力存在差异，因此，要满足其多样化个体发展的需求，高等院校也需进行多样化教育改革。最后，要求高等教育形式的多层次化。目前我国高等教育按经费投资性质可分为公办教育和民办教育，按组织形式可分为学校教育和函授教育、远程教育、自学考试，按学制可分为全日制教育与非全日制教育，按学历可分为学历教育和非学历教育，按招生对象可分为普通高校和成人高校，按培养目标可分为大学教育和高等职业教育，等等。

（3）教育水平与质量标准的丰富性。所谓高等教育质量，是高等教育所具有的满足个人、群体、社会明显或隐含需求能力的各种特性的总和。这些特性往往通过受教育者、教育者和社会发展所要求的目标、标准等形式加以确定。教育质量是高等教育得以长期存在并持续发展的根基，是高等院校的生命。如果高校的教育质量得不到保证，那么高等教育自身的价值就会大幅降低，其拥有的经济功能也就无从谈起。随着近年来我国高校连续扩招，社会对于教育质量的关注持续增加，特别是就高校扩招后其教育质量如何保障已经成为高等教育界以及社会各界普遍关心的重要话题。高校扩招后，在同等教学条件下，数量的增加必然造成质量的下降；但如果教育观念改变，办学条件改善，培养方式改进，教育质量则不一定下降。大众高等教育阶段的学术标准更加多样化，在不同的机构和系统中其标准的严密性和特点不同，因为它们伴随着不同类型的学术单位。不要笼统地提教育质量，而是要区别不同层次、不同类型，提出不同的质量标准。由于社会的职业需要是多样的、多层次的，不同类型、不同层次的学校，只要办出自己的特色，培养适应社会需要的人才，就是高质量的教育。在高等教育从精英阶段向大众化阶段的转变过程中，随着高等教育职能的扩大，培养目标和教育模式的多样化，以及高等学校类型的分化，对高等教育质量的评价必须是多元化的，不同类型、不同层次的高等学校，应有不同的质量标准，而不能采用单一的、一成不变的质量评价标准。美国高等教育思想家克拉克·科尔在他的代表作《大学的功用》一书中详尽地描述了现代大学的功能和特征。他认为，大学必须满足国家四个方面的需要：一是要求大学培养学生数量的增加；二是要求大学满足国家事业日益扩大的要求；三是要求大学把全部活动与工业前所未有地结合起来；四是要求大学适应新的知识潮流并为其重新开辟途径。其主张明确表明在多元化的社会中，大学的目的和功能不是单一的，而是多元的。

以上关于高等教育大众化的典型特征具有共性。同时，我国在高等教育大众化发展的过程中还存在着一些独有的特点。高校在招生人数、专业设置、教学计划、毕业年限、教师编制与待遇等各方面，高等院校仍缺乏足够的自主权，仅仅强调数量的增加，即使达到15%的入学率，也不代表真正意义上的高等教育大众化。在学生准入的标准上虽有微调，但从本质上仍然是沿用精英选拔的传统办法，而在选拔标准和入校的学术标准上，基本上都遵循精英教育的原则——课程设置和考试考核是以培养学术研究为主要目标的理论人才，对学生综合能力以及创新意识的培养尽管多有尝试，但从其效果来看总体并不理想，尤其是在大力发展高等职业教育方面，其教学管理体制没有及时调整，使得原本以市场需求为导向的教育模式被纳入了精英教育和传统的计划性管理体系，严重丧失了活力。另外，在办学形式上，许多高等教育类型，如民办教育、成人教育、职业教育都完全没有受到公平对待，职教、普教、成人教育、业余教育以及和国外教育之间的交流共享系统尚未有效建立。同时，我国的高等教育大众化面临结构失衡的问题，一方面，管理型、研究型人才高能低就，即高文凭、高能力的人只能干低文凭、低能力的人就能胜任的工作；另一方面，实用性技术人才和熟练劳动者却严重缺乏，市场缺口依然较大。以某一线城市为例，一线技术工人特别是高级技术工人严重缺乏，近 200 万从业人员中，大专以上文化程度仅占 33%，受过系统中等职业教育的仅占 18%，高级技工以上仅占 4%，按我国现阶段工业水平的要求，高级技工至少应占 7%。总之，现在我国的就业人员结构呈现出"倒金字塔"型，高级技术工程师、技术工人的相对匮乏将对我国制造业改革升级、结构调整造成严重制约，进一步扩大并提升大众化、职业型高等教育质量以及丰富教学形式是我国高等教育大众化发展过程中亟待解决的重要问题之一。

第三章　中国特色社会主义高等教育思想理论体系框架构建

　　党的十八大以来，习近平总书记对中国教育的发展情况高度重视，曾先后多次通过讲话、谈话、回信等方式发表关于高等教育的思想理论、建设管理以及未来应加以重视的领域的重要论述，其内容涵盖教育目的、素质教育、教育方法、教育管理、教师发展、体育、课程与教学、高等教育、职业教育等各个方面。这些重要理念与思想是以习近平同志为核心的中国共产党领导集体在当代中国特色社会主义高等教育实践中逐步形成的关于高等教育思想智慧结晶，是被实践证明的关于中国特色社会主义教育改革和发展的正确理论和经验总结，是当前中国高等教育改革的重要理论依据和指导思想。

第一节 中国特色社会主义高等教育
思想的发展之路

一、中国特色社会主义教育思想理论体系的演进和完善

中华人民共和国成立以来，党和国家领导集体根据不同时期的政治、经济状况提出了各个时期的教育方针与指导政策，具有鲜明的时代特色和长远的战略眼光。这些关于教育发展的思想理论作为特定历史时期的产物，是一个动态发展的过程，同属于中国特色社会主义教育思想理论体系的整个框架之内，是对马克思教育思想的继承、发扬以及创新。

（一）中华人民共和国成立至中共十一届三中全会召开之前的教育思想演进

中华人民共和国成立后，毛泽东同志有关教育的思想强调教育的人民性、大众性、普及性和实践性。为了使当时的教育制度与国家的发展状况相适应，毛泽东同志对当时关于教育事业发展的教育思想进行了大量的探索性研究，较为典型的有以下几点。

一是教育观。毛泽东同志认为，教育就是传播人类在改造自然、社会、人的主观世界的活动中积累的有关知识和经验，使人类成为自己的主人。

二是教育功能。毛泽东同志提出，人虽然是自然人，但具有社会属

性。马克思主义强调人的发展，倡导为人的全面发展创造条件，认为人的发展与社会的发展是辩证统一的，二者相互影响，具有相互促进的辩证关系。在《新民主主义论》中，毛泽东同志指出，不能脱离社会去抽象地孤立地谈育人，教育也受社会发展的影响，包括政治、经济、文化等多重因素，反过来，教育的育人功能也会影响社会的发展，所以教育也具有一定的社会功能。

三是教育方针。毛泽东同志指出，必须坚持教育与生产劳动相结合的方针，为无产阶级培养新一代接班人服务，培养出来的接班人是不存在劳动差别的劳动者，从根本上消除传统思维带给体力与脑力劳动之间的差别。为贯彻这一方针，在学校各级教育中将教学实践比重加大、开设劳动课等课程，让学生参与劳动，培养学生热爱劳动和人民大众的思想意识。

四是谁领导教育。毛泽东同志在1958年明确指出："教育必须由党来领导。"确定了党对教育事业的具有绝对领导权的思想，这也成为后来社会主义教育事业大发展、大繁荣奠定了思想保证。

五是教育的根本宗旨。1958年，毛泽东同志提出生产劳动要与教育相结合，提出教育的宗旨是为人民大众服务。"中国教育的历史具有人民性""中国应该发展科学的、民族的、大众的教育"等重要论断，人民教育成为党的教育思想理论的基本宗旨。

（二）改革开放初期至党的十六大期间教育思想演进

（1）邓小平同志的教育思想理论。邓小平同志倡导以提高教育质量为基础，坚持德、智、体等的全面发展，在《在军委座谈会上的讲话》中提出培养"四有新人"，即成为有理想、讲道德、有文化、守纪律的人民，这是"要用历史教育青年"。依据教育的动态发展特性提出，教育的"三个面向"，即要面向现代化、面向世界、面向未来。邓小平同志还开创了"科学技术是第一生产力"的说法，肯定并确立了教育对科学和技术发展的促进作用，指明了教育在富国强民方面的战略地位。

一是把教育放在优先发展的重要战略地位。教育是培养科技人才的必经之路，优先发展教育的思想已经成为这段时间内全党的指导思想，从党的十二大到十七大报告里，都明确指出了这一思想，并在实践中不断创新和发展，如"教育与科技是我国现代化建设的一个战略重点""我国现代化的根本大计在于努力提高全民族的思想道德和科学文化水平""建设人力资源强国"，等等。

二是"三个面向"重要思想。三个面向是我国教育创新与发展的指导思想。第一个"面向"即教育要面向现代化，体现了全新的教育观念，是我国教育事业的基本价值取向，也是我国教育事业的总体要求。另外，教育内容要适应现代化建设的需要，体现现代科技的发展，即采用现代化的教学手段。第二个"面向"即教育要面向世界。当今世界是一个开放的世界，所以要以开放的姿态来发展教育。要充分了解世界政治、经济形势，将学生培养成为国际化人才；其次，要学习世界各地的先进教育经验；最后，要加强教育的国际交流与合作。第三个"面向"即教育要面向未来。不但要满足当前发展的需求，更要预见到未来的发展前景。首先，办教育要着眼于未来，为国家长远发展培养人才；其次，办教育不可急于求成；最后，加强青少年的思想政治教育，防止其受到各种不良思潮的影响，坚定青少年的社会主义信念。

三是培养"四有新人"。这项教育思想是邓小平教育理论体系中的核心部分。我国的教育发展与改革的根本目标是培养能够承担、能够发展我国社会主义事业的"有效性"人才。而这样的人才要具备远大的理想、社会主义的道德、深厚的文化和严明的纪律，成为中国特色社会主义的建设者与接班人。

四是"尊重知识"。社会主义现代化建设离不开知识，也离不开人才。知识分子是先进生产力的开拓者，建设有利于培养人才、重视人才、促进人才发展的环境，进而促进全体劳动者素质的提高。

五是关于教育与经济、政治的关系。科技是第一生产力，教育的经济功能就是培养掌握第一生产力的科技人才，这直接表明教育的战略地位体现在对国民经济发展的贡献。教育对促进整个社会的全面进步具有重要作用，是因为教育的其他功能还体现在政治、文化和促进人的全面发展上，因此可见教育的广泛影响性。

（2）江泽民同志的教育理论。以江泽民为核心的中国共产党的第三代中央领导集体，十分重视我国教育事业的改革和发展，从拓展教育服务范围方针而言，从社会主义的文化、艺术、意识形态、科学技术等方面拓展了对教育服务的范围界定，具体指明了教育的方向，把提高国民素质作为教育的根本宗旨，教育的战略重点是培养创新精神和实践能力的人才。

一是优先发展教育。百年大计，教育为本。教育是关系到国家发展与前途的重要事业，教育水平也是一个国家综合国力与社会文明的标志。

二是实施素质教育。为了贯彻党的教育方针，提高国民的素质，培养具备实践能力、拥有创新精神的学生，重视培养学生爱国主义、集体主义和社会主义思想，强调学校教育要把德育放在第一位，提升学生的思想政治素质。

三是重视教育创新。创新是一个民族的灵魂，是一个国家发展进步的动力源泉。提倡创新，重视教育创新精神，培养能创新的人，是教育发展的驱动力。

四是深化教育改革。教育改革必须从我国的实际出发。教育结构、教育体制要与社会主义市场经济发展和社会发展相吻合。教学内容、教学方法要以培养有创新精神的人才为依据，鼓励和支持社会力量办学，实现以政府办学为主，公办、民办学校共同发展的局面。

（三）党的十六大以来教育思想的演进

党的十六大以来，党的教育思想的演进经历了两个阶段：其中前一阶段为以胡锦涛为第四代中央领导集体核心治国理政时期，后一阶段为党的十八大以来以习近平同志为中央领导核心的新一代中央领导集体主政时期（为了便于区分与理解，这部分内容重点放在"四、新时代中国特色社会主义教育思想体系探索与实践"和第二节中系统阐述）。胡锦涛同志的核心教育思想主要包括：教育民生的教育思想、重视教育公平等重要内容。

一是提升教育公平。能够保证人民有公平公正接受教育的机会，能够体现在社会主义和谐社会的构建上，也要体现在能够促进社会公平正义。保证人民有受教育的机会，是我国最基本的教育政策。

二是提倡以人为本。胡锦涛同志提出"育人为本，德育为先"的思想，培养全体学生成为有责任感的、全面发展的人，培养创新精神和实践能力。把培养学生良好的品德作为关系全局的战略任务抓紧抓好。要推进教育的普及和发展，培养大批高素质人才，提高全体人民的科学文化素质和思想道德素质。

三是教师为本，尊师重教。胡锦涛同志倡导尊师重教，指出"民族振兴的希望在教育"。胡锦涛同志指出，教师是教育振兴的关键，要高度重视教师队伍建设，才能培养出全面发展的合格人才。

四是教育的基础性地位。胡锦涛同志指出全面发展素质教育，提高教育的量，教育应该优先发展。以胡锦涛为代表的党的领导集体，在社会实践中继承老一辈领导人的重要教育理论思想，提出了科学发展观教育理论，创新了教育指导理念。这一时期还系统性地推进了教育的中国化、大众化和时代化，进一步繁荣和发展了党的教育思想。

二、"中国特色社会主义理论"下高等教育的改革与发展

改革开放的 40 年，是我国高等教育事业全面发展与深入改革，取得一系列重大成就与进展的关键 40 年，回顾这 40 年中国高等教育改革实践过程的历史脉络，得出一条基本规律：自贯彻实施改革开放以来，我国高等教育领域所取得的一切进步和成就，都离不开中国特色社会主义理论的科学指导。因此，回顾过去，展望未来，必须继续高举中国特色社会主义理论的伟大旗帜，实现我国高等教育全面、健康、持续和创新发展。旗帜问题至关重要。早在中华人民共和国成立初期，毛泽东同志就说过："主义譬如一面旗子，旗子立起了，大家才有所指望，才知所趋赴。"党的十九大对于改革开放以来我党的根本指导思想体系作出了最新的概括：习近平新时代中国特色社会主义思想是对马克思列宁主义、毛泽东思想、邓小平理论、"三个代表"重要思想、科学发展观的继承和发展，是马克思主义中国化最新成果，是党和人民实践经验和集体智慧的结晶，是中国特色社会主义理论体系的重要组成部分。邓小平理论、"三个代表"重要思想、科学发展观以及习近平新时代中国特色社会主义思想是一脉相承的理论体系，是对于"举什么旗""走什么路""怎么开展党的建设""如何发展"以及"新时代坚持和发展什么样的中国特色社会主义"这个根本问题作出系统阐述。因此，邓小平理论、"三个代表"重要思想、科学发展观以及习近平新时代中国特色社会主义思想，共同构成了我国高等教育事业改革与发展的根本性指导思想，对于我国高等教育思想理论体系建设以及具体实践创新均具有关键性作用。

（一）解放思想，实事求是，推动高等教育改革与创新

实事求是，是马克思主义中国化理论成果的精髓，也是中国特色社

会主义理论贯穿始终的世界观和方法论，是指导改革开放以来我国高等教育深入改革与全面发展的灵魂。邓小平同志创造性地将解放思想与实事求是结合起来，指出："解放思想，就是使思想和实践相符合，使主观和客观相符合，就是实事求是。今后，在一切工作中要真正坚持实事求是，就必须继续解放思想。"邓小平同志在教育战线重新确立了解放思想、实事求是的马克思主义思想路线，为高等教育改革与发展奠定了思想基础。

1977 年高等院校新生入学考试制度的恢复，在我国高等教育史上具有划时代的意义；1978 年，研究生招生的恢复，标志着高层次人才培养工作得到恢复；1980 年第五届全国人民代表大会常务委员会第十三次会议通过的《中华人民共和国学位条例》，标志着我国学位制度的建立；1993 年，《普通高等学校本科专业目录》的修订完成，意味着高等学校教学工作逐步走向正轨。这一系列关于高等教育制度的恢复与重建，为中国特色社会主义高等教育事业的全面发展提供了良好的开端。此后，伴随着社会改革进程的不断推进，在努力适应和促进经济社会发展的办学实践中，我国高等教育改革不断向纵深推进，高等教育在观念、制度、规模、质量、结构、效益方面都取得了巨大的发展，这都是进一步坚持解放思想、实事求是的指导思想，基于我国基本国情和高等教育的实际现状，不断改革、建设和创新的结果。

（二）解放生产力，发展生产力，推动教育事业优先发展

"解放生产力、发展生产力"是邓小平同志对社会主义本质的科学概括，是中国特色社会主义理论的核心与始终坚持的根本方针。邓小平同志指出，社会主义的本质就是"解放生产力、发展生产力"。我国还处在社会主义初级阶段，"解放生产力，发展生产力"是社会主义初级阶段的中心任务，也是整个社会主义阶段的根本任务。这一科学概括

把对社会主义社会的发展与建设的认识提高到了新的科学水平，也使我们对高等教育的社会地位、历史使命、发展道路的认识上升到了新的高度。邓小平同志明确提出"科学技术是第一生产力"这一重大科学论断，为教育的优先发展提供了重要的思想基础和理论基础。

1992 年，党的十四大报告指出："我们必须把教育摆在优先发展的战略地位，努力提高全民族的思想道德和科学文化水平，这是实现我国现代化的根本大计。"1993 年出台的《中国教育改革和发展纲要》(以下简称《纲要》)规定了"三个增长"：中央和地方政府教育拨款的增长要高于财政经常性收入的增长，并使按在校学生人数平均的教育费用逐年增长。胡锦涛总书记在 2007 年全国优秀教师座谈会上明确提出了"三个优先"：经济社会发展规划要优先安排教育事业，财政资金要优先保证教育投入，公共资源要优先满足教育和人力资源开发的需要。党的十七大进一步确立了教育优先发展的战略，提出"优先发展教育，建设人力资源强国"。教育优先发展的指导思想，是对教育与其他子系统之间关系的科学判断，也是对教育在社会主义经济建设中的地位与作用的充分肯定。"科教兴国"战略、"人才强国"战略、建设人力资源强国，都贯彻了教育优先发展的根本思想。在教育优先发展思想的指导下，我国高等教育事业取得了快速发展。实践证明，教育优先发展，是引领我国高等教育取得大发展、大繁荣的重要战略思想。

（三）在市场经济体制运行下，推动高等教育改革与对外开放

作为中国特色社会主义理论的重要组成部分，社会主义市场经济理论与改革开放理论为坚持和发展社会主义经济制度找到了一种崭新的实现形式，为促进我国经济发展和社会进步注入了强大而持久的活力，也给高等教育的改革与发展带来新的契机。社会主义市场经济体制的建立，客观上要求高等教育打破传统计划经济体制的束缚，探索建立一套

适应社会主义市场经济的新的教育体制，以推动和保障教育事业的发展。1985年，《中共中央关于教育体制改革的决定》（以下简称《决定》）的出台，提出教育体制中一系列重大问题，如改革政府对高等学校管得"过多、过死"的管理体制，实行中央、省（自治区、直辖市）、中心城市三级办学；改革高等学校招生计划和毕业生分配制度；提高高校的自主办学能力，扩大学校的办学自主权等。在《决定》的正确指导下，高等教育体制改革逐步推进，初步形成了社会主义市场经济条件下高等教育体制的基本框架。1993年《纲要》进一步明确了新时期高等教育体制改革的目标：一方面，以"合并、共建、划转、合作办学和协作办学"为主要途径与手段，改革"条块分割"的高等教育宏观管理体制；另一方面，在办学体制改革上，加快"建立以中央和省（自治区、直辖市）两级政府办学为主，社会各界广泛参与办学的新格局"的步伐；在投资体制改革上，建立了"以国家财政拨款为主，多渠道筹措高等教育经费"的新体制；在招生、收费和毕业生就业制度的改革上，确立了大学生"缴费上学制度"和毕业生"面向市场、自主择业的新就业制度"；在高校内部管理体制改革上，进一步扩大高校的办学自主权，大力推进高校和产业界以及科研院所的合作，增强高校主动适应社会需要的能力。在《决定》与《纲要》的指导下，经过多年的努力，高等教育体制改革和制度建设取得了显著的成效：适应社会主义市场经济的高等教育管理体制初步建立，改变了条块分割、重复办学的局面，使有限的高等教育资源得到合理配置和更充分的利用，调动了中央、地方及社会各方面参与办学的积极性，进一步增强了高校的社会服务意识和能力，对促进区域经济和社会发展起到重要的历史作用。

　　1983年10月1日，邓小平同志在为景山学校的题词中提出："教育要面向现代化，面向世界，面向未来。"其中，"面向现代化"是高等教育发展战略的核心，"面向世界"则强调高等教育要对外开放，"面向未来"体现了高等教育发展的前瞻性。邓小平同志强调："我们一方面要努力提高自己的大学水平,一方面派人出去学习,这样可以有一个比较,看看我们自己的大学究竟办得如何。"在这一思想的指导下,我国高等教育界打破了对外封闭的局面,从有计划地选派留学生去发达家学习开始,高等教育国际交流与合作不断深入。引进外国专家、国外教材、先进的教育理念和办学经验,接收外国留学生,开展国际合作办学,高等教育对外开放程度不断加大,这些都有力地促进了具有国际视野的高层次人才培养,促进了我国高等教育水平和国际竞争力的提升。

(四)与时俱进,开拓创新,推动"科教兴国"战略实施

党的第三代中央领导集体从与时俱进、开拓创新的高度,将教育优先发展的思想上升到国家战略,同时也为高等教育的一系列改革与发展提供了政策依据。1995年5月中共中央、国务院颁布的《关于加速科学技术进步的决定》,首次提出在全国实施"科教兴国"战略。江泽民同志指出:"科教兴国,是指全面落实科学技术是第一生产力的思想,坚持教育为本,把科技和教育摆在经济、社会发展的重要位置。"1996年,第八届全国人大第四次会议以具有法律效力的形式,将"科教兴国"确定为基本国策。"科教兴国"战略的确定,进一步推动了我国高等教育的改革与发展。在"211工程"的基础上,1998年5月4日,江泽民同志明确指出:"为了实现现代化,我国要有若干所具有世界先进水平的一流大学。"《面向21世纪教育振兴行动计划》也强调"创建若干所具有世界先进水平的一流大学和一批一流学科"。"985工程"的启动,标志着一流大学建设的全面推进,为加速我国高层次创新人才培养和科技进步、引领整个高等教育事业发展、推动经济社会发展发挥着重要的作用。

1999年,党中央、国务院按照"科教兴国"战略的部署,作出了高等教育扩招的重大决策。我国高等学校在校生总规模从1998年的

643 万人，增加到 2001 年的 1214 万人；1998 年，我国高等教育毛入学率仅为 9.8%，2002 年则达到了 15%，标志着我国已开始进入高等教育大众化发展阶段。2007 年，我国高等教育毛入学率达到 23%，2019 年，该指标达到了 48.1%，我国高等教育即将迈入普及化阶段成为世界高等教育规模最大的国家，实现了历史性跨越。20 世纪末到 21 世纪初，党中央站在推进改革开放和社会主义现代化建设的战略高度，作出人才资源是第一资源的科学判断，提出人才强国战略，这是对教育优先发展、"科教兴国"战略的进一步发展与深化。

（五）以人为本，科学发展，推动高等教育健康、可持续发展

教育以人为本，这是历代中央领导集体指导高等教育改革与发展的根本共识。邓小平同志呼吁全党全社会尊师重教，针对学生培养明确提出"四有新人"的素质教育观；江泽民同志提出"教育要为人民服务"，针对大学生的发展提出"四个统一"；胡锦涛同志在党的十七大报告中进一步指出："要全面贯彻党的教育方针，坚持育人为本、德育为先、实施素质教育，提高教育现代化水平，培养德智体美全面发展的社会主义建设者和接班人，办好人民满意的教育。"质量是教育事业发展的生命，在不同的时期，党和国家制定一系列文件与政策，指导和推动高等教育质量的提升，高等教育不同领域与不同层面的改革也都围绕着高等教育质量提升开展。党的十七大报告中明确提出"提高高等教育质量"。2007 年，教育部、财政部联合下发文件，面向全国普通本科院校实施"高等学校本科教学质量与教学改革工程"，开创了新时期高校教育教学工作的新局面。另外，教育公平是社会公平的重要基础，历代中央领导集体通过一系列举措，推进高等教育公平。党的十七大报告中进一步强调了教育公平，并采取了一系列重大举措，如通过建立和完善包括国家助学贷款制度在内的一系列规范，切实保障社会弱势群体的教育权益；

通过财政性教育投入加大"国家助学奖学金"等制度的支持力度，保障教育公平；此外，政府还致力于协调区域与城乡教育发展，优化教育结构，加强教师队伍建设，加强教育信息化资源建设，开展教育对口支援等。这些举措显著地促进了高等教育的公平性。

（六）坚持党的领导，推动中国特色社会主义高等教育事业稳步前进

中国特色社会主义理论对于高等教育改革与实践的指导，还体现在作为中国特色社会主义理论体系重要组成部分的党建理论对我国高等教育改革与发展的指导作用。中国共产党是中国特色社会主义事业的坚强领导核心，这是由其基本性质与根本宗旨所决定的。党对于高等教育事业的领导地位，也是历史和人民的选择。"结构优化""体制创新""提升质量""促进公平"等高等教育重要改革所取得的一系列重要经验，都应该归功于党的远见卓识与英明领导。历史证明，只有坚定不移地坚持党的领导，才能推动中国特色社会主义高等教育事业取得更大的进步和发展。

1990年，中共中央下发《关于加强高等学校党的建设的通知》（以下简称《通知》），《通知》中明确提出："高校要坚持党委领导，加强领导班子建设，把思想建设放在高等学校党的建设的突出位置。"第一次全国高校党建会议的召开，标志着党对高等教育事业的领导进入了新阶段。此后，每一年中央都召开一次高校党建会议，每次会议都有明确的主题。加强高校党建为促进高等教育事业又好又快发展提供坚强有力的政治保证和组织保证。改革开放的历史表明，坚持党的领导，就是坚持中国特色社会主义方向，这不仅是我国社会主义现代化建设的根本保障，也是我国高等教育事业继续稳步前进的根本保障。不断加强党的领导，是中国特色社会主义高等教育的鲜明特征，是多年以来我国高等教育不断取得发展的基本经验，也是中国特色社会主义旗帜下发展高等教育的优势所在。

坚持党对高等教育的全面领导，就要坚持党对高校意识形态的领导。高等教育系统是党意识形态工作的重要基础和前沿阵地，高等教育作为教育中最活跃、与社会联系最密切的部分，关系到国家意识形态的安全。2014年，习近平总书记指出"强化思想引领，牢牢把握高校意识形态工作领导权"。在第二十三次全国高等学校党的建设工作会议上，习近平总书记明确指出要在高等教育领域加强意识形态的领导，尤其是要坚持并且巩固对中国高校意识形态的领导。加强对高等教育意识形态领域的领导，首先要对高等教育中的知识分子加强意识形态的领导和意识形态教育，使"教育者先受教育"，拥护党的领导，学习、接受并传播先进文化，做到"明道""信道"，而后"传道"。其次，要重视高校思想政治工作，加强各级党委对高校思想政治工作的引领，把其放在"重要位置"，其他各部门协助配合，共同抓好高校思想政治工作。抓好党对高校的意识形态领导，是实现"高校和谐稳定"，"优良校风和学风"的前提，高等教育的发展离不开和谐稳定的校园氛围。在信息时代，高校也要加强网络阵地建设，引导师生增强网络安全意识，遵守网络行为规范，在网络上能规范言行，传播正确的价值理念，不断做好高等教育战线意识形态工作。坚持党对高等教育的全面领导，就要加强和改进高校党的建设。党的十九大报告中提出了新时代党的建设的总要求，对坚定不移全面从严治党进行了全面部署。党要管党、全面从严治党，是党的建设的一贯要求和根本主张，对于高等教育战线来说，党要管党，才能促进社会主义高等教育事业更好发展；习近平总书记指出，要"把党的政治建设摆在首位"。党的政治建设是党的根本性建设，决定党的建设的方向和效果，在高等教育领域，要引导广大师生干部坚决维护中国共产党领导核心地位，使高校师生用习近平新时代中国特色社会主义思想武装头脑、指导实践，在思想上和行动上同党中央保持高度一致。扎扎实实推进高校基层党组织建设，完善健全高校党组织建设的规章制度，强化高校党建监督问责制度，提升高校各级党组织领导事业发展的能力与水平。

三、"走自己的道路，建设具有中国特色的高等教育体系"

在改革开放初期，伴随着邓小平同志提出"走自己的道路，建设具有中国特色的社会主义道路"，党和政府自此开始了解放思想、实事求是、与时俱进、开拓创新的伟大实践与探索。在上述指导思想的牵引下，高等教育领域也确立了"走自己的道路，建设具有中国特色的高等教育体系"的发展方针，这对我国高等教育全面发展与改革创新奠定了坚实的基础。

（一）"办高等教育，必须坚持实事求是，从中国的实际出发"

1942年2月1日，毛泽东同志为中央党校（国家行政学院）写了"实事求是"的题词，作为办校的指导思想，并作为党校干部学习和工作的座右铭。"实事求是"也是我们办高等学校的指导思想，也应当成为广大高等教育工作者的座右铭。要从中国的实际出发办高等教育。高等教育的发展固然存在着某些一般的规律，为各国所认识和掌握。但是，各国发展高等教育的具体道路，首先受到社会制度的影响和制约，在同一社会制度下，又必然要依各国的具体历史条件和国情差异而呈现出与众不同的特点。由于社会制度不同，各国国情不同，世界上没有一条适用于一切国家的发展高等教育的具体道路，没有一个放之四海而皆准的"教育模式"。因此，就必须坚持党的思想路线，从中国的实际出发来办高等教育。否则，就要违背党的思想路线，高等教育事业注定要失败。

（二）"高等教育必须同我国社会主义现代化建设道路相适应"

从党的八大到十一届三中全会以来，不断的实践摸索和经验总结，党中央已经逐步确立了一条适合我国情况的社会主义现代化建设的正确道路。1981 年 6 月，党的十一届六中全会通过的《关于建国以来党的若干历史问题的决议》，指出建设有中国特色的社会主义现代化建设的正确道路。党的十二大又进一步提出"全面开创社会主义现代化建设的新局面"，以经济建设为中心，同时建设高度的社会主义精神文明，建设高度的社会主义民主，把三大目标、三个方面统一起来，构成了全面建设社会主义的领导纲领。从此，我国社会主义现代化建设的道路就更加充实、更加完备和更加系统化。至此，全国各条战线都把自己的工作摆在这个纲领和这条道路中间来，并为实现这个纲领和为走这条道路而奋斗。全国如此，高等教育无疑也应该如此。也就是要走自己的道路，建设具有中国特色的社会主义高等教育体系，以此与我国社会主义现代化建设相适应。

按照马克思主义的观点，教育是一定社会的政治和经济的反映，同时又给一定的政治和经济以极大的反作用。教育同政治、经济的关系，无论从那一个方面来说，高等教育都必须走自己的道路，建设具有中国特色的社会主义高等教育体系。从教育是一定社会的政治和经济的反映来说，既然整个社会主义现代化建设是走自己的道路，建设有中国特色的社会主义；那么，就必然决定着高等教育必须走自己的道路，建设具有中国特色社会主义高等教育体系。

（三）"办高等教育，要靠中国自己的力量来办"

邓小平同志在党的十二大开幕词中讲："中国的事情要按照中国的情况来办，要依靠中国人自己的力量来办。独立自主，自力更生，无论过去还是现在和将来，都是我们的立足点。"根据这个方针，办高等教育，就是要依靠自己的力量，寻找自己的办学道路，不能照搬外国的经验，不能受外国的支配，不能把希望寄托在别人身上。习近平总书记指出"高等教育是一个国家发展水平和发展潜力的重要标志"，充分肯定了高等教育在国家发展中的重要地位。今天，我们迫切呼唤高等教育的发展，急切渴望科学知识的创新和卓越人才的成长，这种需求远甚于历史上的任何一个时期，要满足这一需求，我们必须要重视高等教育对社会发展的重要作用。

（四）"必须继承和发扬我们党过去办高等教育的传统"

中国共产党历来重视高等教育。1921 年 8 月，毛泽东同志在长沙创办了湖南自修大学，1922 年国共合作举办了上海大学（由上海东南师范专科学校改名），1933 年中国共产党在苏维埃区创办了红军大学、苏维埃大学和马克思共产主义大学，1937 年开办了抗日军政大学、鲁迅艺术学院，1944 年把延安各校合并成立延安大学等。所有上述高等学校，都是根据革命战争的需要，从实际出发建设起来的。由于当时的历史条件和环境所决定，有它天然的缺点，如学制不固定，课程不够系统、衔接，带有速成训练班的性质。但它都是新民主主义的高等教育，是社会主义新型大学的萌芽，并且具有直接为革命战争服务、运用马列主义和毛泽东思想教育学员、重视批判地继承人类文化遗产、坚持理论联系实际、把教育与生产劳动适当结合、向工农阶层开门、发扬艰苦奋斗作风、党领导学校工作等优良传统和特色，为革命事业作出了巨大的贡献。

因此，在改革开放的探索阶段，发展高等教育事业，必须坚持走自己的道路，立足于我国国情，根据现代化建设的需要和可能来发展高等教育，逐步建设一个具有中国特色的社会主义高等教育体系。

四、新时代中国特色社会主义教育思想体系探索与实践

习近平总书记在党的十九大报告里明确提出了我国从全面建成小康社会到基本实现现代化，再到全面建成社会主义现代化强国的时间表

和路线图，对教育事业和青年人士提出了殷切期望。中国特色社会主义进入新时代的关键时期，将继续坚定不移地走中国特色高等教育发展之路。

（一）坚持和加强党的领导，以习近平新时代中国特色社会主义思想为行动指南

"党政军民学，东西南北中，党是领导一切的。"扎根中国大地办大学，必须坚持党的领导，坚持"四个服务"。坚决贯彻落实中央《关于加强和维护党中央集中统一领导的若干规定》《关于新形势下党内政治生活的若干准则》和《贯彻落实中央八项规定的实施细则》等文件精神，牢固树立"四个意识"，在思想上、政治上、行动上，同以习近平同志为核心的党中央保持高度一致，坚决维护习近总书记党中央的核心、全党的核心地位，坚决维护党中央权威和集中统一领导。

聚焦立德树人核心任务，用党的十九大精神和习近平新时代中国特色社会主义思想武装高校师生头脑，不断提升办好中国特色社会主义大学的政治自觉和行动自觉。习近平新时代中国特色社会主义思想进一步深化和丰富了对共产党执政规律、社会主义建设规律、人类社会发展规律的认识，是马克思主义中国化的最新理论成果，是中国特色社会主义理论体系的重要组成部分。

（二）深化教育改革创新，以建设教育强国和实现教育现代化为奋斗目标

没有教育的现代化，就没有国家的现代化。党的十九大报告提出，在全面建成小康社会的基础上，努力在本世纪中叶建成富强民主文明和谐美丽的社会主义现代化强国，这为高校改革发展明确了时间表，为当前在全国范围内大力开展的"双一流"重点院校和"双一流"重点学科

建设提供了思想指导。另外，党的十九大报告还提出，中国特色社会主义进入了新时代，我国社会主要矛盾已经转化为人民日益增长的美好生活需要和不平衡不充分的发展之间的矛盾。高等教育发展的重要任务就是要进一步解决好发展不平衡不充分的问题，来满足人民日益增长的对更高质量、更加公平教育的需求，促进教育公平、提升教育质量。

第二节　中国特色社会主义高等教育思想体系概述

一、中国特色社会主义高等教育思想理论体系研究综述

中国特色社会主义教育理论，是指在建设和发展中国特色社会主义的前提下，立足我国基本国情，在全面总结改革开放以来我国教育实践发展经验的基础上所形成的、具有普遍性的关于我国教育改革与发展的系统认识。中国特色社会主义教育理论丰富和发展了马克思主义教育理论，是中国特色社会主义理论体系的重要组成部分。改革开放以来，为更好地发展教育事业，我国进行了各种各样的实践探索，教育事业在取得巨大成就的同时，也逐渐形成了一系列关于教育实践与教育问题的理论认识。中国特色社会主义教育理论是与自身所处时代相契合的科学理论体系，同中国特色社会主义理论一样，其在本体论层面和方法论层面上都拥有创新的价值蕴含，对这些理论的认识不仅能反映出我国教育理论方面发展的初始面貌，而且能为新时代背景下促进教育的发展提供一定的理论基础。

笔者以 CNKI 数据库为数据来源，按照以下模式检索：检索项设为"主题"，检索词设为"教学思想"包含"中国特色社会主义"，检索时间范围为：1980—2018 年，"不限"，匹配模式为"精确"，文献类

型为"期刊",最终共得到文献词条 1187 条,剔除其中重复、不相关的论文以及会议通知、征稿启事等非论文文献,共得到可用文献信息 782 条。这一调查周期内,每年所发表的涉及"中国特色社会主义教育思想"的文献总体呈现出显著升高的态势,具体表现为:1980—1991 年,对有关中国特色社会主义教育思想所探讨的论文鲜有报道,年均发表篇数为 3.6 篇 / 年,处于该领域的起步萌芽阶段;1992—1998 年,该时期为该领域的第一次快速发展期,特别是 1994 年和 1997 年,年度共发表论文分别达到 24 篇和 29 篇,成为该时期内该领域研究的高峰,说明中国特色社会主义教育理论问题在这一时期内受到了相关理论界持续的关注;1999—2006 年,该时期为该领域的相对平稳期,年度发表论文数量较上一阶段有了明显下降,年均正式发表论文篇数仅为 16.4 篇,表明该时期内国内相关学界基于前期实践的总结,这一时段内研究进度有所放缓;2007—2018 年,该时期可以称为"中国特色社会主义教育理论"研究的第二次高速发展期,该领域正式迈入全面发展与创新引领阶段,2009 年、2017 年和 2018 年年度发表论文数量分别为 32 篇、187 篇和 238 篇,年均文献数量为 78.2 篇,这一论文发表时态分布特征表明中国特色社会主义教育理论的相关研究逐渐为学术界所关注、所热点探讨的过程,这也反映了党的十八大以来,关于中国特色社会主义教育理论体系逐渐形成、完善并丰富的发展进程。

从中国特色社会主义教育理论研究领域的关注热点来看,运用 CiteSpace 5.0 软件进行关键词频次统计分析。结果发现,"思想政治教育""教育思想"和"教育理论"处于关键词频次的前三名,表明在中国特色社会主义教育理论研究领域,思想政治教育一直为教育学理论界所关注的热点问题。

正如上文所述,课题组对改革开放以来涉及"中国特色社会主义教育思想"研究的历史发展状况进行了简要论述,接下来,继续对改革开放以来与中国特色社会主义高等教育思想理论体系构建的重大研究项目的进展情况进行介绍，以此窥探整个中国特色社会主义高等教育思想理论体系研究的大致面貌。

二、走中国特色社会主义高等教育发展道路

习近平总书记指出："我国有独特的历史、独特的文化、独特的国情，决定了我国必须走自己的高等教育发展道路，扎实办好中国特色社会主义高校。"2016 年党中央开始部署高等教育一流大学和一流学科建设，习近平总书记强调，我们要办好世界一流大学，必须有中国特色，没有特色，是不可能办成功的。特色是建设世界一流高校的核心，具有不可替代性，不走特色发展之路，我们要想在短期内建成世界一流大学是不现实的。办中国特色社会主义高等教育，必须始终坚持社会主义办学方向不动摇，这是改革开放以来被实践所证明的正确道路。我国的高等教育是在社会主义制度下发展壮大的，社会主义制度的优越性为我国高等教育持续健康稳定发展奠定了坚实的基础和保障。我国是社会主义国家，这就要求我们的高等学校也必须坚持社会主义办学方向，是社会主义制度的本质要求。坚持社会主义办学方向，要坚持以马克思主义为指导，在高等教育中不断传播马克思主义理论，深化青年学生对马克思主义科学性、真理性的认识，教会学生运用马克思主义立场观点方法观察世界、分析世界，为学生成长成才打下科学的思想基础。要坚持不懈培育和弘扬社会主义核心价值观，引导广大师生在日常生活中认真践行社会主义核心价值观，不断增强其价值判断力。要坚持不懈培育良好的校风和学风，促进校园和谐稳定。同时，需要不断完善中国特色社会主义高等教育学科体系、学术体系、话语体系、学术评价体系等，坚持社会主义办学方向，打造具有中国特色的人才培养体系。办中国特色社会主义高等教育，必须扎根于中国大地办大学，我们要建成世界一流大

学，必须与本国实际国情相结合，立足于中国实际。中华民族向来重视教育的发展，以孔子为代表的儒家教育思想，提出"有教无类""因材施教"，以朱熹为代表的程朱理学教育思想等都为我国高等教育的发展提供了思想根基。我国在革命、建设、改革各个历史时期所形成的特色文化，也成为我国高等教育发展的重要基础。中国特色社会主义进入新时代，我国的社会主要矛盾发生变化，这需要高等教育提供优质高效、公平共享的教育资源，满足人民群众对高质量高等教育的需求。改革开放40多年来的发展实践充分证明，我国高等教育必须紧紧围绕于我国的历史、文化与国情实际来发展，我国高等教育要满足人民的需要和社会经济发展的需要，充分发掘其自身潜力。办中国特色社会主义高等教育，必须坚定"四个自信"。办中国特色社会主义高等教育，必须要有坚定的信心，这是高等教育发展的前提和基础。习近平总书记指出："要把中国特色社会主义道路自信、理论自信、制度自信、文化自信转化为办好中国特色世界一流大学的自信。"改革开放40多年来，中国高等教育之所以取得了巨大的历史性成就，是因为我们坚持走中国特色社会主义发展道路，不断促进经济社会发展水平，为高等教育发展奠定了坚实的物质基础；坚持中国特色社会主义理论，深刻揭示了社会发展规律，为高等教育发展提供了科学的理论指导；坚持中国特色社会主义制度，发挥了中国共产党的巨大政治优势，为高等教育发展提供了有力的制度保证；坚持中国特色社会主义文化，体现了中华民族独特的价值，为高等教育发展提供了丰富的智慧和养分。办中国特色社会主义高等教育，我们必须要坚定"四个自信"，促进我国高等教育向更高水平发展。

三、中国特色社会主义下高等教育思想理论的现实动因

党的十八大以来，以习近平同志为核心的党中央高度重视高等教育领域在社会主义现代化建设中的地位和作用，并在治国理政的过程中

对高等教育工作作出了一系列重大决策部署，尤其是在各类会议上和考察高等学校时，对高等教育工作发表了一系列重要讲话，这些讲话深刻阐释和论述了新时代我国高等教育改革和发展的重大理论问题和实践问题，逐步形成了新时代中国特色社会主义高等教育思想。深入学习这一思想，对于建设中国特色的现代高等教育理论体系，指导我国高等教育事业的改革与发展，具有重要的理论价值和实践意义。

（一）教育具有长期优先发展的战略地位

中国共产党历来重视教育发展，尤其是改革开放以来，在不同历史时期紧密结合当时的政治、经济、社会、文化等发展实际，把教育作为国之重器不断改善、持续地推动。党的十二大指出："一定要牢牢抓住农业、能源和交通、教育和科学这几个根本环节，把它们作为经济发展的战略重点"，当时国家急于摆脱贫穷落后的局面，希望借助教育的力量支撑经济建设，把教育作为经济发展的战略重点之一，教育第一次被列入了国家战略。党的十三大指出："必须坚持把发展教育事业放在突出的战略位置"，教育的国家战略地位得到了进一步巩固。党的十四大指出："必须把教育摆在优先发展的战略地位，努力提高全民族的思想道德和科学文化水平，这是实现我国现代化的根本大计"，这是中国共产党执政历史上第一次明确提出把教育摆在优先发展的战略地位，既体现了党在建设富强、民主、文明的社会主义国家的历史进程中对发展教育事业的高度重视，更是顺应民意、紧跟时代发展趋势作出的重大战略抉择。自此之后，教育优先发展的战略地位随着社会经济发展持续深化并不断巩固。党的十五大指出："发展教育和科学，是文化建设的基础工程"，"要切实把教育摆在优先发展的战略地位。"党的十六大指出："教育是发展科学技术和培养人才的基础，在现代化建设中具有先导性、全局性作用，必须摆在优先发展的战略地位。"党的十七大指出："优先发展教育，建设人力资源强国。"党的十八大指出，"教育是民族振兴和社会进步的基石""要坚持教育优先发展"。党的十九大指出："建设教育强国是中华民族伟大复兴的基础工程，必须把教育事业放在优先位置。"在历史的脉络中我们不难发现，从提出把教育事业"作为经济发展的战略重点"到"突出的战略位置"，再到"优先发展的战略地位"，党对教育事业战略地位的认识是一个不断深化和发展的过程。党的十九大更是将建设教育强国列为中华民族伟大复兴的基础工程，教育在新时代承担着光荣而重大的职责和使命。然而，高等教育"是科技这个'第一生产力'和人才这个'第一资源'的重要结合点"，其重要性不言而喻。习近平总书记强调："高等教育发展水平是一个国家发展水平和发展潜力的重要标志。我们对高等教育的需要比以往任何时候都更加迫切，对科学知识和卓越人才的渴求比以往任何时候都更加强烈。"可见，高等教育事业在教育优先发展战略、实现中华民族伟大复兴的中国梦等伟大实践中扮演着十分重要的作用。新时代中国特色社会主义高等教育思想充分遵循了"把教育摆在优先发展的战略地位"这一历史传承。

（二）教育是深化改革发展的重要领域

改革开放是党在新的时代条件下带领全国各族人民进行的新的伟大革命，是当代中国最鲜明的时代特色。多年的实践证明，改革开放是决定当代中国命运的关键抉择，是党和人民事业大踏步赶上时代的重要法宝。党的十八大以来，全面深化改革一直是以习近平同志为核心的党中央的工作主旋律。全面深化改革实质上是改革开放在新时期的历史延续，更是改革开放的重要组成部分。党的十八届三中全会审议通过了《中共中央关于全面深化改革若干重大问题的决定》，就全面深化改革作出了总体部署，涉及 15 个领域、330 多项重大的改革举措。在党的十九大报告中，坚持全面深化改革更是被列为新时代坚持和发展中国特色社会主义的十四条基本方略之一。习近平总书记强调："全面深化改革，既是对社会生产力的解放，也是对社会活力的解放，必将成为推动中国经济社会发展的强大动力。"推进全面深化改革，教育始终是绕不开、更是不能绕开的问题。习近平总书记在十八届中央政治局常委记者见面会上讲道："人民对美好生活的向往，就是我们的奋斗目标。"在习近平总书记看来，人民对美好生活的众多向往中，排在首位的就是"期盼有更好的教育"。在《中共中央关于全面深化改革若干重大问题的决定》中，深化教育领域综合改革是推进社会事业改革创新的重要内容，其目的就是实现发展成果更多更公平地惠及全体人民，解决好人民最关心最直接最现实的利益问题。毫无疑问，教育便是人民最关心最直接最现实的利益问题之一。党的十九大报告将"优先发展教育事业"列为提高保障和改善民生水平的重要内容，并再次强调这是"人民最关心最直接最现实的利益问题"，更是为了"不断满足人民日益增长的美好生活需要"。

高等教育更是全面深化改革的重点领域。事实证明，中国高等教育取得的历史性成就，离不开改革这一根本动力。以习近平同志为核心的党中央准确把握世界创新经济发展的新形势和全球高等教育发展格局的新变化，高瞻远瞩、审时度势、深化改革，作出"要统筹推进世界一流大学和一流学科建设，实现我国从高等教育大国到高等教育强国的历史性跨越"这一重大战略决策。2015 年 11 月，《统筹推进世界一流大学和一流学科建设总体方案》正式发布。2017 年 9 月，国家正式公布了世界一流大学和一流学科建设高校及建设学科名单。党的十九大报告指出："加快一流大学和一流学科建设，实现高等教育内涵式发展"。这一系列举措充分表明，中国高等教育正在成为"教育系统改革的排头兵"，在不断深化改革中进入了新时代。

四、中国特色社会主义高等教育思想理论体系理论内涵

新时代中国特色社会主义高等教育思想渗透在党的十八大以来习近平总书记相关讲话、谈话、指示、回信等各类载体中，内容主要包括建成高等教育强国的目标指向、办好中国特色社会主义高校的内在灵魂、落实立德树人要求的根本任务、实现更好更公平高等教育的核心理念、加快推动高等教育内涵式发展的模式选择、深化高等教育改革创新的前进动力和坚持党对高等教育事业全面领导的政治保障。

（一）目标导向：建成世界高等教育强国

截至 2021 年 9 月 30 日，全国高等学校共计 3012 所，其中，普通高等学校 2756 所（本科 1270 所、专科 1486 所），成人高等学校 256 所。名单未包含台湾地区、香港特别行政区和澳门特别行政区高等学校。从规模来看我国是名副其实的高等教育大国。2010 年出台的《国家中长期教育改革和发展规划纲要（2010—2020 年）》提出了"建设高等教育强国"的目标，这为我国高等教育发展指明了方向。2015 年 8 月，习近平总书记主持召开的中央深化改革小组会议审议通过了关于世界一流大学和一流学科建设的总体方案，明确指出我国基本建成高等教育强国的时间，即 21 世纪中期。这个时间正好对应我国第二个百年奋斗目标：社会主义现代化强国。此外，建设包括高等教育在内的教育强国是党的十九大确定的我国社会主义现代化强国奋斗目标的一部分。

（二）内在灵魂：办好中国特色社会主义高校

中国特色社会主义的"特"体现在很多方面，高等教育是其中的一个重要方面。中国的高等教育既有世界高等教育的共性特征，又有属于自己的个性特征。2014 年 5 月，在北京大学师生座谈会上，习近平总书

记谈到一流大学建设问题时强调，一定要有中国特色，不能跟在别人后面亦步亦趋。在2016年的全国高校思想政治工作会议上，习近平总书记明确提出，要"扎实办好中国特色社会主义高校"。中国特色社会主义高校不仅"特"在中国的国情、中国的文化，而且"特"在中国人才培养的价值取向，即"培养德智体美全面发展的社会主义建设者和接班人"。2018年9月，习近平总书记在全国教育大会上提出了"九个坚持"，很好地回答了"培养什么人、怎样培养人、为谁培养人"这一中国特色社会主义高校人才培养的根本问题。

（三）根本任务：落实立德树人要求

高等教育不仅是知识、技术以及能力教育，而且是品德、价值观教育；不仅是成才教育，而且是成人教育，是智育与德育的统一。党的十八大以来，习近平总书记在不同场合多次强调"立德树人""培养社会主义合格建设者和可靠接班人"等重要问题。他指出："要坚持把立德树人作为中心环节，把思想政治工作贯穿教育教学全过程，实现全过程育人、全方位育人。"因此，高校的教学、科研、管理、服务等整个过程都承载着育人的功能，高校的教师、管理人员、后勤人员等都承担着育人的任务。在习近平总书记看来，"高校立身之本在于立德树人"。党的十九大报告进一步强调，要"落实立德树人根本任务"。在高校，抓好立德树人根本任务，"要用好课堂教学这个主渠道，思想政治理论课要坚持在改进中加强"。

（四）核心理念：实现更好更公平高等教育

高等教育公平是民生领域的一个重要问题，是我国社会主义优越性的重要体现，也是广大人民群众提升获得感和幸福感的重要关切。针对人民群众关心关注的教育问题，习近平总书记提出，要"努力让

13亿人民享有更好更公平的教育"。在党的十九大报告中，习近平总书记进一步提出"努力让每个孩子都能享有公平而有质量的教育"。我国高等教育资源特别是优质高等教育资源主要集中在北京、上海、江苏、湖北、陕西等地，广西、宁夏、内蒙古、西藏、新疆等地区和其他中西部地区高等教育资源特别是优质高等教育资源相对缺乏。针对我国高等教育发展不平衡和不充分的现状，习近平总书记在2014年9月28日至9月29日召开的中央民族工作会议上强调，要办好民族地区高等教育。

（五）模式选择：加快推动高等教育内涵式发展

近年来，随着我国经济实力的不断提升，国家对高等教育的经费投入越来越多，高校教学、科研、办公经费增长迅速，教学条件、科研条件、办公条件得到很大改善。但是，高校教育在外延发展的同时，却没有带来相应的内涵提升。中国高等教育应该向何处去？习近平总书记在党的十九大报告中给出了明确回答："加快一流大学和一流学科建设，实现高等教育内涵式发展。"高等教育内涵式发展，是今后高校发展的模式选择。加快一流大学和一流学科建设，是高等教育内涵式发展的重要举措。世界一流大学和一流学科建设（简称"双一流"）是党中央着眼于提高高等教育综合实力与核心竞争力而作出的重大战略决策，是继"985工程"和"211工程"之后的又一国家战略。2017年9月，教育部等三部委联合公布世界一流大学和一流学科建设高校名单，首批共137所高校入选，其中一流大学建设高校42所（A类36所和B类6所），一流学科建设高校95所。在世界一流大学建设过程中，必须将着力点放在人才培养上。习近平总书记强调："只有培养出一流人才的高校，才能够成为世界一流大学。办好我国高校，办出世界一流大学，必须牢牢抓住全面提高人才培养能力这个核心点。"

（六）前进动力：深化高等教育改革创新

我国高等教育要获得大幅进步和较快质量提升，必须深化教育改革，打破制约高等教育发展的体制机制障碍。从党的十八大提出教育领域综合改革的命题到党的十八届三中全会明确教育领域综合改革的具体路径，习近平教育改革创新思想逐步推进。2013 年 9 月，在中央政治局第九次集体学习时，习近平总书记提出，要深化教育改革；2014 年 5 月，在北京大学师生座谈会上的讲话中，习近平总书记又指出，要落实党的十八届三中全会精神，深化我国高等教育改革，让我国高等院校改革走在全国教育改革前列。深化高等教育改革，主要包括三个方面的内容：第一，办学、经费投入、考试招生、就业等方面的体制和制度改革；第二，高校内部管理、人事薪酬、教学管理等方面的制度改革；第三，人才培养模式、教学内容和方式方法等方面的改革。习近平总书记特别关心考试招生制度改革。2014 年 8 月，在中央深化改革小组第四次会议上，他在肯定我国考试招生制度的同时，也指出其中存在的一些问题，并提出要进行教育改革，以促进教育公平、提高人才选拔水平。习近平总书记还提出了深化考试招生制度改革的总体目标，即形成"分类考试，综合评价，多元录取"的考试招生模式。

（七）政治保障：坚持党对高等教育事业全面领导

习近平总书记高度重视高校党建工作，认为加强和改进高校党建工作、坚持党对高等教育事业的全面领导，是高等教育坚持社会主义办学方向的政治保障。2016 年 12 月 7 日，习近平总书记在全国高校思想政治工作会议上的讲话中指出，"办好我国高等教育，必须坚持党的领导，牢牢掌握党对高校工作的领导权，使高校成为坚持党的领导的坚强阵地""高校党委对学校工作实行全面领导，承担管党治党、办学治校主体责任，把方向、管大局、作决策、保落实"。他还强调，要重视高校内部基层党组织建设、体制机制创新和工作方式改进，重视在师生中发展党员、党员教育管理等工作的重要性。从党的十八大提出教育领域综合改革的命题到党的十八届三中全会明确教育领域综合改革的具体路径，习近平总书记有关教育改革创新的思想逐步推进。

五、中国特色社会主义高等教育思想理论体系核心内容

（一）教育战略定位：优先发展

把教育摆在整个社会发展链条中的何种位置，在根本上体现着我们是如何认识教育以及我们将会如何发展教育这一重要的价值取向。2013年4月，习近平总书记在致清华大学苏世民学者项目启动的贺信中指出："教育决定着人类的今天，也决定着人类的未来。"这是对教育价值的深刻论断。同年9月，习近平总书记在联合国"教育第一"全球倡议行动一周年纪念活动贺词中明确表示："中国将坚定实施科教兴国战略，始终把教育摆在优先发展的战略位置。"2014年9月，习近平总书记在同北京师范大学师生座谈时深刻提出："'两个一百年'奋斗目标的实现、中华民族伟大复兴中国梦的实现，归根到底靠人才、靠教育。"2016年9月，习近平总书记再次指出："要实现'两个一百年'奋斗目标、实现中华民族伟大复兴的中国梦，必须更加重视教育。"2017年10月，习近平总书记在党的十九大报告中明确提出："建设教育强国是中华民族伟大复兴的基础工程，必须把教育事业放在优先位置。"习近平总书记的这一系列重要论断体现出他对教育事业的深切关怀和对教育战略地位的深刻理解，为教育的持久发展明确了战略支点。

（二）教育根本任务：立德树人

教育的终极目标和根本宗旨在于育人，为谁育人、育什么样的人、怎样育人，是教育发展的本源性问题。2013 年 10 月，习近平总书记在给中央民族大学附属中学全校学生的回信中希望学校"承担好立德树人、教书育人的神圣职责，着力培养造就中国特色社会主义事业合格建设者和接班人"。2014 年 5 月，习近平总书记在北京大学师生座谈会上提出"国无德不兴，人无德不立""教师要时刻铭记教书育人的使命，甘当人梯，甘当铺路石，以人格魅力引导学生心灵，以学术造诣开启学生的智慧之门"。2016 年 9 月，习近平总书记在北京市八一学校考察时强调："基础教育是立德树人的事业，要旗帜鲜明加强思想政治教育、品德教育，加强社会主义核心价值观教育，引导学生自尊自信自立自强。"同年 12 月，习近平总书记在全国高校思想政治工作会议上指出："思想政治工作从根本上说是做人的工作，必须围绕学生、关照学生、服务学生，不断提高学生思想水平、政治觉悟、道德品质、文化素养，让学生成为德才兼备、全面发展的人才。"党的十九大报告中指出："要全面贯彻党的教育方针，落实立德树人根本任务，发展素质教育，推进教育公平，培养德智体美全面发展的社会主义建设者和接班人。"习近平总书记的这些重要论断都表明，立德树人是教育的核心工作，教育的持久健康发展必须落实好立德树人这项重要任务。

（三）教育目标追求：人民满意

办人民满意的教育是我国教育事业发展的出发点和目标。尽管不同时期人民对于教育的期待不同，但办人民满意的教育历来是党和国家发展教育事业的坚定追求。2013 年 9 月，在给联合国"教育第一"全球倡议行动一周年纪念活动的贺词中，习近平总书记表示，"不断扩大投入，努力发展全民教育、终身教育，建设学习型社会，努力让每个孩子享有受教育的机会，努力让13亿人民享有更好更公平的教育"。2014年9月，习近平总书记在同北京师范大学师生座谈时，分析了搞好我国教育事业的艰巨性后指出："继续大力推动教育改革发展，使我国教育越办越好、越办越强。"2015年5月，习近平总书记在给国际教育信息化大会开幕的贺信中提出："通过教育信息化，逐步缩小区域、城乡数字差距，大力促进教育公平，让亿万孩子同在蓝天下共享优质教育、通过知识改变命运。"2016年9月，在北京市八一学校考察时，习近平总书记强调"要不断促进教育发展成果更多更公平惠及全体人民，以教育公平促进社会公平正义"，并要求各级党委和政府"强化责任意识，及时研究解决教育改革发展的重大问题和群众关心的热点问题"。党的十九大报告中明确提出："加快教育现代化，办好人民满意的教育。"习近平总书记的这些重要论断，围绕教育统筹协调发展、持久健康发展等核心问题，无不是要满足人民对于优质、均衡、公平、美好教育的需要，也无不是要使教育愈加让人民满意，而这正是我国教育事业发展孜孜不倦的追求。

（四）教育前进动力：深化改革

改革创新是深化发展的内在诉求和必然路径，中国特色社会主义教育事业需要在改革中走向深化，在创新中实现自觉。2013年4月，在致清华大学苏世民学者项目启动仪式的贺信中，习近平总书记指出："人类社会需要通过教育不断培养社会需要的人才，需要通过教育来传授已知、开掘未知，从而使人们能够更好认识世界和改造世界、更好创造人类的美好未来。"同年10月，在中共中央政治局第九次集体学习时，习近平总书记提出，"要深化教育改革，推进素质教育，创新教育方法，提高人才培养质量，努力形成有利于创新人才成长的育人环境"。2013年11月，《中共中央关于全面深化改革若干重大问题的决定》颁行，其中将"深化教育领域综合改革"作为"推进社会事业改革创新"的首要内容提出。2016 年 9 月，习近平总书记在北京市八一学校考察时强调："要深化办学体制、管理体制、经费投入体制、考试招生及就业制度等方面的改革，深化学校内部管理制度、人事薪酬制度、教学管理制度等方面的改革，深化人才培养模式、教学内容及方式方法的改革，使各级各类教育更加符合教育规律、更加符合人才成长规律。"党的十九大报告中也明确提出"深化教育改革"，并对各级各类教育深化改革的方向作出指示。习近平总书记的这些重要论断既回答了为什么要进行教育领域深化改革的问题，也指明了如何进行教育领域深化改革的方略，是促进教育向前发展的不竭动力。

（五）教育发展方向：中国特色

教育为了谁的问题，关乎教育发展的目的问题，也关乎教育发展的方向问题，发展中国特色社会主义教育毋庸置疑要体现中国特色。2013 年 9 月，习近平总书记在致全国广大教师的慰问信中，希望广大教师"为发展具有中国特色、世界水平的现代教育作出贡献"。2014 年 5 月，在北京大学师生座谈会上，习近平总书记指出："办好中国的世界一流大学，必须有中国特色。没有特色，跟在他人后面亦步亦趋，依样画葫芦，是不可能成功的。"2016 年 12 月，在全国高校思想政治工作会议上，习近平总书记强调："我国有独特的历史、独特的文化、独特的国情，决定了我国必须走自己的高等教育发展道路，扎实办好中国特色社会主义高校。我国高等教育发展方向要同我国发展的现实目标和未来方向紧密联系在一起，为人民服务，为中国共产党治国理政服务，为巩固和发展中国特色社会主义制度服务，为改革开放和社会主义现代化建设服务。"2017 年 10 月，习近平总书记在给中国人民大学建校 80 周年的贺信中再一次提出："围绕解决好为谁培养人、培养什么样的人、怎样培养人这个根本问题，坚持立德树人，遵循教育规律，弘扬优良传统，扎根中国大地办大学。"这些重要论断深刻回答了教育的发展方向问题，即扎根中国大地、办出中国特色。

（六）教育的世界担当：扩大开放

当今世界各领域的发展呈现出鲜明的交融性特征，各国教育的发展都希望获得更先进的世界经验，扩大开放、增进交流成为推进我国教育强国进程的战略选择。2013 年 9 月，在给联合国"教育第一"全球倡议行动一周年纪念活动的贺词中，习近平总书记明确表示："中国将加强同世界各国的教育交流，扩大教育对外开放，积极支持发展中国家教育事业发展，同各国人民一道努力，推动人类迈向更加美好的明天。"2014 年9 月，在致信祝贺孔子学院建立十周年暨首个全球"孔子学院日"时，习近平总书记指出："世界各国人民创造的灿烂文化，是人类共同的宝贵财富。我们应该通过交流互鉴和创造性发展，使之在当今世界焕发新的生命力。孔子学院属于中国，也属于世界。"2015 年 5 月，在致国际教育信息化大会开幕的贺信中，习近平总书记表示："中国愿同世界各国一道，开辟更加广阔的国际合作交流平台，积极推动信息技术与教育融合创新发展，共同探索教育可持续发展之路，共同开创人类更加美好的未来。"习近平总书记的这些重要论断表明，我国教育愿在积极扩大开放中进一步增强国际社会影响，进一步承担作为世界大国对促进人类社会向着美好未来发展的责任和使命，这深刻反映了中国教育发展的世界担当与高远格局。

六、中国特色社会主义高等教育思想理论体系典型特征

（一）鲜明的时代性

时代性是新时代中国特色社会主义高等教育思想最为突出的特征。

其深刻洞察当今国内外经济社会和高等教育发展的新趋势，全面把握人民期盼有更好教育的需求、中国高等教育发展进程及其对实现中华民族伟大复兴中国梦的强力支撑等方面的新变化，蕴含着"新时代"的内在逻辑和内在需求，赋予高等教育新的时代内涵和责任使命。比如，2017年2月中共中央、国务院印发《关于加强和改进新形势下高校思想政治工作的意见》强调，高校肩负着人才培养、科学研究、社会服务、文化传承创新、国际交流合作的重要使命。这是国家首次将国际交流合作确定为高校的第五大职能，更是以习近平同志为核心的党中央基于积极推动构建人类命运共同体、深入推进"一带一路"建设、加快建设世界一流大学和一流学科等一系列时代战略作出的重大认识和战略研判。"窥一斑而知全豹"，新时代中国特色社会主义高等教育思想是紧跟时代步伐、回应时代课题、满足时代需求的新时代的高等教育思想体系，是中国共产党人与时俱进的思想和智慧的结晶。

（二）内容的开放性

新时代中国特色社会主义高等教育思想在内容上具有开放性，这是由其放眼全球的宽广胸怀、站位高远的战略视野、开拓创新的思想理念所决定的。新时代中国特色社会主义高等教育思想在内容上并非只是封闭地局限于中国高等教育本身这一领域范畴，而是从高等教育肩负的历史使命和时代功能出发，充分释放和扩展了其外延与内涵。其目的是通过进一步促进高等教育开放程度，更好地实现让"我国高等教育的发展方向要同我国发展的现实目标和未来方向紧密联系在一起，为人民服务，为中国共产党治国理政服务，为巩固和发展中国特色社会主义制度服务，为改革开放和社会主义现代化建设服务"。为了实现这一目标，新时代中国特色社会主义高等教育思想在内容上延展到社会治理、经济发展、民生保障、深化改革、创新驱动、人类命运共同体等领域。习近平总书记强调："高等教育发展水平是一个国家发展水平和发展潜力的重要标志……我们对高等教育的需要比以往任何时候都更加迫切……党中央作出加快建设世界一流大学和一流学科的战略决策，就是要提高我国高等教育发展水平，增强国家核心竞争力……"这些论述充分说明和印证了高等教育必须以最大限度的开放性参与和服务国家建设与发展。也正是由于这种开放性，党的十八大以后的中国高等教育发展取得了举世瞩目的成就，迈上了崭新的历史台阶。

（三）理论的系统性

新时代中国特色社会主义高等教育思想是一个内涵博大厚重、内容相互贯通的思想体系。内涵博大厚重主要是指其对我国高等教育所处的历史方位、本质属性、发展方向、重大任务、立身之本、建设路径等一系列重要问题作出了全方位、立体化的判断和回答。比如习近平总书记强调："我们的高校是党领导下的高校，是中国特色社会主义高校。"这一论述进一步阐明了我国高校的本质属性，指明了我国高校必须坚持党的领导，必须扎根中国大地办人民满意的社会主义大学。内容相互贯通主要是指其从教育要素的角度出发，对高校举办者、高校领导、教师、学生、课堂教学、课程教材、实践育人、校园文化等各方面、各领域的问题都进行了全面深入的阐述。比如对学生，习近平总书记强调："今天高校学生的人生黄金期，同'两个一百年'奋斗目标的实现完全吻合。"要"用中国梦激扬青春梦，为学生点亮理想的灯、照亮前行的路"，并表示"对当代高校学生，党和人民充分信任、寄予厚望"。对教师，习近平总书记更是希望他们"不能只做传授书本知识的教书匠，而要成为塑造学生品格、品行、品味的'大先生'"。甚至对校风和学风，习近平总书记都有形象的比喻："一所高校的校风和学风，犹如阳光和空气决定万物生长一样，直接影响着学生学习成长。"正是这些事无巨细的表述，造就了新时代中国特色社会主义高等教育思想理论的系统性。

（四）实践的指导性

新时代产生新思想，新思想指导新实践。思想的意义就在于能够指导并解决现实问题或矛盾，以促进事业发展。党的十八大以来，以习近平同志为核心的党中央在实践中形成了以加快建设世界一流大学和一流学科为历史使命的新时代中国特色社会主义高等教育思想。这一思想深刻回答了新时代中国高等教育应该朝哪里走、应该怎么走等重大问题。面对新时代给我国高等教育带来的各种挑战和赋予的新的时代责任，这一思想无疑提供了根本遵循和行动指南，并将在长期坚持和实践中不断得到丰富与发展。习近平总书记强调："我国有独特的历史、独特的文化、独特的国情，决定了我国必须走自己的高等教育发展道路，扎实办好中国特色社会主义高校"，并指出办好我国高等教育"必须坚持党的领导，牢牢掌握党对高校工作的领导权，使高校成为坚持党的领导的坚强阵地"，办出世界一流大学"必须牢牢抓住全面提高人才培养能力这个核心点，并以此来带动高校其他工作"等。这一系列深刻的阐释，具有很强的政治性、思想性、针对性，对于在新时代办好中国特色社会主义大学具有十分重要的指导意义。

七、中国特色社会主义高等教育思想理论体系价值取向

（一）人民性的价值取向

坚持以人民为中心是习近平新时代中国特色社会主义思想"十四个坚持"之一，渗透在新时代中国特色社会主义高等教育思想的方方面面，是一个重要的价值取向。这一价值取向承袭了中国古代民本思想、马克思主义关于人民立场的思想和中国共产党历代领导人关于"发展为

了人民"的思想。党的十八大以来,习近平总书记在关于教育问题的谈话和讲话中,经常提到教育要"惠及全体人民""让人民满意",这些提法充满了鲜明的人民性价值取向。2017年1月颁布的《国家教育事业发展"十三五"规划》中指出,到2020年教育发展成果要更公平地惠及全体人民。继党的十八大报告之后,习近平总书记在党的十九大报告中再次强调,要"办好人民满意的教育"。"人民满意"即人民性,体现了高等教育的初心和使命,是评判高等教育改革创新成败的重要标准,也是贯穿高等教育全过程的重要价值取向。"人民满意"不仅是社会满意、家长满意,而且是学生满意。高等学校要通过为学生提供更优质的教育,让学生有更多获得感。新时代中国特色社会主义高等教育思想的人民性价值取向不仅体现在坚持社会主义办学方向与坚持党的领导上,而且体现在让每一个大学生成为社会主义合格建设者和可靠接班人上,还体现在积极培育和弘扬社会主义核心价值观上。

(二)德育性的价值取向

德育是个综合性概念,不仅包括品德修养,而且包括爱国爱党爱社会主义、理想信念、社会主义核心价值观等方面的内容。党的十八大以来,无论在与青年座谈中还是与师生座谈中,无论在全国性会议上还是党的会议上,习近平总书记在谈到教育问题时,都强调要把立德树人作为根本任务。"立德树人"体现了新时代高等教育思想的德育性价值取向。我国高等教育要培养社会主义建设者和接班人,其"德智体美"属性,放在第一位的就是"德"。2018年5月,在北京大学师生座谈会上,习近平总书记特别提到要"以德育人",强调不断提高学生道德品质等素养,做到明大德、守公德、严私德。在2018年9月召开的全国教育大会上,习近平总书记强调,培养社会主义建设者和接班人即"培养什么人"的问题,是教育的首要问题和根本任务。围绕这个首要问题和根本任务，必须在坚定理想信念、厚植爱国主义情怀、加强品德修养、培育和践行社会主义核心价值观等方面下功夫。其中，以理想信念立根铸魂是立德树人的首要任务。在高校实施"铸魂工程"，必须统领整合高校各个方面的工作，形成铸魂合力。此外，习近平总书记还提出要健全立德树人机制，把立德树人融入思想道德、文化知识、社会实践等教育的各个环节。

（三）公平性的价值取向

教育问题是民生领域的重要问题，是影响社会和谐的重要因素。教育公平是社会公平的重要基础。教育公平就是要保障每一个人公平的发展权，它是改变社会分层，促进社会流动、实现社会公平的重要手段。习近平总书记在关注基础教育公平、努力追求让每一个孩子都享有平等的教育机会、旨在为全体人民提供更好更公平教育的基础上，努力回应人民群众关切的高等教育公平问题，着手改革考试招生制度，通过建立"分类考试—综合评价—多元录取"的考试招生模式、完善招生计划分配机制、提高河南等人口大省和中西部地区高考录取率、增加重点大学在农村和贫困地区招生人数、严控并减少加分项目等举措，逐步缩小省际、城乡教育差距，促进高等教育机会公平的实现。同时，通过建立完善大学生资助政策体系，确保家庭经济困难学生顺利完成学业。这都体现了新时代中国特色社会主义高等教育思想公平性的价值取向。

八、中国特色社会主义高等教育思想理论体系实现路径

（一）汲取中华传统文化财富

历史和现实都表明，一个抛弃了或者背叛了自己历史文化的民族，不仅不可能发展起来，而且很可能上演一幕幕历史悲剧。新时代中国特

色社会主义教育思想根植于灿烂的中华文明的沃土中，精深的中华优秀传统文化和先贤教育哲思不仅打牢了中国教育发展的地基，而且为中国特色社会主义教育思想体系的形成开辟了道路。在新时代，探索中国特色社会主义教育思想体系，不能罔顾历史，也不能忘却过去，因为没有历史，就无所谓今天，也无所谓未来。既然如此，究竟历史能给予新时代中国特色社会主义教育思想体系的探索以什么样的启迪，换言之，新时代中国特色社会主义教育思想体系的探索如何从历史中汲取营养，一言以蔽之，那就是要不断深掘中华传统教育财富。具体而言，可以从以下三个方面展开探索：其一，深入总结提炼以儒家为代表的中华传统教育思想，在与新时代特质的融合过程中不断进行新阐释、不断赋予新意涵；其二，深入研究中国传统教育发展的特点、阶段、规律、经验、教训等，为新时代中国特色社会主义教育思想体系的探索廓清认识论起点；其三，深入探究中华优秀传统文化、先进传统思想和宝贵传统教育之间的多重互动关系，为新时代中国特色社会主义教育思想体系的探索不断获得来自思想和文化的动力。如此，使得中华传统教育资源的价值在不断被挖掘中得以觉醒和彰显，最终成为探索新时代中国特色社会主义教育思想体系的理论智慧。

（二）凝练本土教育实践智慧

实践智慧展现为"应当做什么"的价值关切与"应当如何做"的理性追问的统一。它在赋予智慧以实践品格的同时，又使实践获得了智慧的内涵。中国自古以来就有享誉中外的教育实践，这些既是当时教育思想的践行范例，也是新教育思想产生的实践基础。思想指引着实践，实践孕育着思想。探索新时代中国特色社会主义教育思想体系不能忽视中国的教育实践本身，也不能忽视基于中国教育实践萌生的教育实践智慧。一方面，中国古代教育史上一些广为流传的经典教育实践案例，渗透着教育先贤的教育实践智慧，依然可以对今天的教育实践产生某种程度的影响；另一方面，中国现代教育进程中开展的一系列教育实验、教育改革、教育计划等，都是扎根中国大地进行的教育实践，都蕴含着中国教育的本土韵味，都是中国教育思想的时代践行，是我们继续深化教育改革、办人民更满意教育的现实基础。这就是说，咬定本土教育实践，凝练本土教育实践智慧，必然是也应该是探索新时代中国特色社会主义教育思想体系的路向之一。当然，需要指出的是，只有那些适应新时代方向和诉求的实践智慧才可能成为新时代中国特色社会主义教育思想体系的有益参考，也才可能推进新时代中国特色教育实践持续发展。

（三）构建中国教育话语体系

话语是思想的表达，中国特色的教育思想理应由中国话语来表达，这意味着，新时代中国特色社会主义教育思想体系的探索需要重视中国教育话语体系的构建。实际上，话语体系的构建不仅是话语自信的体现，也是获得更大话语权的先决条件。伴随着中国的迅速崛起和大国地位的不断显现，中国有能力也有意愿在世界舞台扮演更重要的角色，担负更大的责任。教育是强国的基本方略也是国强的重要指标，而"真正意义上的世界强国，必定是教育强国。换言之，教育强国乃是世界强国的题中应有之义"。因而，构建中国教育话语体系，关键是要运用中国的话语阐述好中国教育思想的精髓，同时要彰显中国教育思想的自信，进而促进中国教育思想在世界教育舞台绽放魅力。这样，以中国教育话语体系的构建为着力点，进一步深化新时代中国特色社会主义教育思想体系探索，进一步助推教育强国目标实现的进程。具体而言，构建中国教育话语体系可以从以下三方面入手：一是梳理并强化我国教育术语、名词、提法、用语、名称等，形成中国教育概念体系；二是总结并提炼我国教育理论和实践，完善中国教育理论实践一体化的诠释系统；三是积极并审慎对待我国教育与外国教育的对话交流，注重中国气派、中国底蕴、中国格局的话语魅力彰显，探索中国教育对外特色话语。如此，以中国教育话语体系的构建更好地诠释新时代中国特色社会主义教育思想体系的新内容、新思想、新旨趣。

九、中国特色社会主义高等教育思想理论体系实践启示

（一）坚持扎根中国大地办大学

大学从来不是脱离社会而孤立存在的，其产生和发展离不开社会发展的需要和现实条件。新时代中国特色社会主义高等教育思想紧扣服务国家建设发展主线，站在独特的历史、独特的文化、独特的国情的高度，深刻回答了扎根中国大地办大学是客观的必然选择。习近平总书记强调："我们要扎根中国、融通中外，立足时代、面向未来，坚定不移走自己的路。扎根中国大地办高等教育同建设世界一流大学是统一的，只有扎根中国才能更好走向世界。"这就要求我们在加快推进世界一流大学和一流学科建设的伟大实践中，要始终坚持"越是民族的，就越是世界的"建设理念，始终坚持"中国特色、世界一流、人民满意"的建设路径，始终坚持遵循高等教育发展规律和立足高校改革发展实际，面向国家重大战略需求，面向经济社会主战场，为我国高等教育事业繁荣发展、为实现"两个一百年"奋斗目标和中华民族伟大复兴中国梦贡献智慧与力量。当然，从另外一个角度讲，当今中国的社会发展急需具有世界级水平的大学提供有力支撑，坚持扎根中国大地办大学，一方面是为中国大学的长远发展和水平提升提供现实的社会基础和文化传统根基；另一方面，也只有这样，中国的高校才能与中国社会发展方向及中华民族的目标追求协调一致。从历史的缩影来看，独具特色的中国大学始终是推动中国社会发展的最具创造性的力量。

（二）毫不动摇坚持党的领导

习近平总书记强调，我们的高校是党领导下的高校，这就决定了中国的高等教育和高校办学治校必须毫无不动摇地坚持中国共产党的领导。一是要在政治上坚持党的领导。要深入学习宣传贯彻习近平新时代中国特色社会主义思想和党的十九大精神，进一步增强政治意识、大局意识、核心意识、看齐意识，坚决做到"两个维护"，自觉向党中央看齐，向党的理论、路线方针、决策部署看齐，并将其贯穿办学治校始终。二是要在思想上坚持党的领导。要深入学习领会并自觉运用新时代中国特色社会主义高等教育思想指导推动学校事业发展，要始终确保高校党委牢牢掌握高校思想政治工作的主导权，要进一步筑牢高校意识形态工作防线，要坚决守好思想政治理论课主阵地，要充分发挥好哲学社会科学育人功能，要把社会主义核心价值观体现到教育教学全过程，多措并举，使高校真正成为坚定道路自信、理论自信、制度自信、文化自信的孵育基地和示范高地。三是要在组织上坚持党的领导。要进一步加强高校党委领导班子的建设，既要认真履行管党治党的主体责任，更要充分发挥其把握办学方向、凝聚师生人心、引导学校发展的主心骨作用。要不折不扣贯彻落实党委领导下的校长负责制，以大学章程建设为统领，大力推进依法治校，确保党政同心同德，努力促进形成党委统一领导、党政分工合作、协调运行的工作机制和风清气正、干事创业的良好政治生态。

（三）进一步加大开放办学力度

高等教育的非封闭性决定了高等教育必须是开放的。新时代中国特色社会主义高等教育思想的开放性特征，也要求中国的高等教育必须进一步加大开放办学力度，只有这样，才能充分参与世界竞争，才能走向世界一流。要加快建设世界一流大学和一流学科，仅凭高校一己之力"关起门来"闭门造车，显然是绝不可能实现的。这就要求我们要打开高校的"门"，推倒高校的"墙"，让社会各方资源与力量真正广泛参与办学活动，集聚各方力量"借梯登高"，真正释放高校办学活力。一方面，国家和教育主管部门要最大限度破除束缚高等教育改革发展的体制机制障碍，进一步向地方和高校放权，给高校松绑减负、简除烦苛，进一步扩大高校办学自主权。另一方面，高校自身既要守住"象牙塔"的阵地，也要关注"人间烟火"的沧桑变化；既要扎根中国大地办出中国特色，也要以开放的心态和视野加强国际交流与合作；既要助力解决当下社会的矛盾问题和重大挑战，也要坚持面向世界科技前沿和着眼人类未来发展；既要加强与政府机构、相关企业、科研院所、事业单位、兄弟高校的联系与合作，也要促进校内学院之间、学科之间、专业之间、研究领域之间的交叉融合。开放办学是高校对内对外全方位、多层次、综合性、长期性的系统工程，目的是要在寻求支持中求更大的发展，必须要从理念上深刻化、形式上多样化、制度上常态化。

实践篇：浙江经验

第四章 浙江省高等教育发展基本现状

伴随着"科教兴国""建设高等教育强国"以及"建设创新型国家"等国家教育发展战略的稳步推进与深入实施，我国高等教育事业从以往的精英化阶段逐渐发展至大众化和普及化阶段，在办学规模、教学质量、教学环境以及在校师生数量等方面取得了重大的历史性成就。基于上述背景下，浙江省委省政府依据浙江经济发展的现实需求和省内高校综合状况，于2001年前后正式提出实施"教育强省"和"科教强省"省级发展战略，随后于2006年颁布并执行了《浙江省教育强省建设与"十一五"教育发展规划纲要》，对省一级教育强省战略进行了深入部署。2007年，《浙江省人民政府关于促进高等教育发展的若干意见》出台，其中明确提出"至2020年，浙江省教育质量和国际化程度明显提高，高等教育总体水平位居国内前列，基本建成高等教育强省"。随着国家启动"双一流"发展战略，浙江省在2015年率先部署并实施省一级"双一流"建设试点工作，积累了丰富的经验。2017年，中国共产党浙江省第十四次代表大会召开，首次提出要全面实施高等教育强省战略。因此，从整个浙江省高等教育事业的发展脉络来看，无论在投入时间还是重视程度上，浙江省高等教育实践都具有显著的"浙江经验""浙江模式"等痕迹。

第一节　浙江省高等教育实现均衡发展的实践途径

中华人民共和国成立以来一直到 20 世纪末，浙江省高等教育长期面临着高校数量较少、规模偏低、地域分布极度失衡的窘境。早在 1998 年，浙江省全省仅有 32 所普通高等院校，其中占地在 100 亩以下的"袖珍大学"就有 7 所，在校大学生仅有数万人，高等教育毛入学率仅为 8.96%，高考录取率仅为 35%。1999 年，浙江省委、省政府针对浙江高校基本现状，大力改革并全面发展浙江高等教育办学新模式。在全力支持原浙江大学合并改革的同时，积极筹备推进省属高校建设，并在杭州市滨江、下沙、小和山、紫金港和宁波市、温州市新建 6 个高教园区。2007 年，六大高教园区基本完工建成，共计 36 所高校 37 万名学生陆续入驻。通过新建高教园区，改进办学基础条件，同时加快推动民办高等教育和高等职业教育，有效缓解了浙江省高等教育数量不足与规模较低的问题。经过近 10 余年的不断发展，浙江省高等教育多层次、多形式、多渠道的办学格局基本形成，并且在校大学生和专职教师数量得以跨越式全面发展。

一、浙江省各地市间高等教育发展所面临的突出问题

截至 2021 年初浙江省共有普通高等学校 109 所，占全国数量的 3.62%；包括本科学校 60 所，专科学校 49 所，占比结构为 55∶45。浙江省的民办高校共有 31 所，占浙江省高等学校数量的 28.44%，有 21 所为本科学校，10 所为专科学校，其中普通高等院校共有 40 所（含筹建院校）、独立学院共有 19 所、高职院校 50 所；研究生（含非全日制）、

本科、专科招生比例为 1 ∶ 5.3 ∶ 5.7，高等教育毛入学率达到 61.3%。全年研究生（含非全日制）招生 31771 人，其中，博士生 4032 人，硕士生 27739 人。目前全省基本建成杭州、宁波和温州三大高教高地，其余各城市在总体上形成了"一本一专"的高等教育基本布局。

然而，截至 2019 年末，浙江省仅有浙江大学一所"世界一流"重点建设高校，宁波大学和中国美术学院两所"世界一流学科"建设高校，全省国家重点学科数量 95% 以上都集中在浙江大学。与此同时，浙江省高校主要分布在杭州市，截至 2019 年底，杭州市现有高校共 46 所，占全省高校数量的 42.20%，其中本科院校 27 所，高职院校 19 所。从上述数据可明晰地发现，浙江省高等教育主要集中在杭州市，不同城市之间仍呈现出地域分布严重失衡的问题，这一基本现实已经成为制约浙江省实施"教育强省"重大发展战略的重要因素。

二、浙江省城乡之间高等教育发展的基本现状与问题

近年来，浙江省在大力推进高等教育大众化的过程中，积极探索城、乡间高等教育均衡发展的新模式，并且尝试高等教育"进农村"实施方案。例如，浙江农林大学依靠自身办学特色与传统优势，主动承担服务"三农"建设，并且多年持续坚持在招生方面向农村籍学生倾斜，浙江大学和一些省属高校发挥各自学科优势，积极拓展为支持农村服务的新模式。通过上述实践探索的进行与改革，进一步推动全省城乡高等教育均衡发展的崭新形式，促进了浙江省农业发展以及农村建设。相关数据显示，浙江省 1/3 以上的县（市）进入全国百强县（市）行列，县级城市发展取得重大成就。早在 1992 年，浙江省委便确立了"科教兴省"的基本发展战略；1998 年省委、省政府决定在全省范围内开展创建教育强县的活动；从 1999 年开始，浙江省组织专家对全省相关县（市、区）创建教育强县工作进行全面评估，到 2006 年，浙江省教育强

县已经建成 69 个，占全省县（市、区）总数的 76.67%，人口覆盖率达 80%。

尽管浙江省在尝试高等教育进农村方面进行了大量的探索，积累了丰富经验。但目前还存在以下主要问题亟待解决：一是思想观念障碍。虽然目前浙江省高等教育总体发展现状已经步入普及化阶段，然而长期以来人脑海里根深蒂固的"精英教育"难以破除，因此对社区高等教育、农村高等教育还难以接受；二是法律法规不够健全。目前尚无一部有关社区学院、乡村学院建设与管理的法律、法规，导致社区学院高等教育进农村、进社区缺乏必要的法制保障，无法可依；三是管理体制缺陷，当前时期内有关乡村高等院校的管理体制一般由市级、省级政府教育行政机构领导，这与地方行政部门之间存在一定的管理权限问题，具体管理方式尚不明确；四是，乡村自身因素。目前县级乡村学院主要是针对周边居民进行技能教育和专业培训，以满足农村居民生活工作需要，但是切实符合农村实际的教育模式和运营机制尚未建立起来。

三、浙江省高校之间高等教育发展的基本现状与问题

长期以来，教师队伍建设是关系高等教育持续发展的关键所在。早在 1996 年，根据《浙江省跨世纪学术和技术带头人培养规划（1996—2010 年）》要求，浙江省实施省"151 人才工程"建设项目。到 2000 年，全省已选拔"151 人才工程"第一、二层次培养人员 629 名，这些较高质量的人才是浙江省年轻教师队伍中的优秀代表，已成为推动浙江科技、教育发展以及经济社会等各行业发展的中坚力量。《浙江省"十一五"人才发展规划》进一步指出，深入推进省"新世纪 151 人才工程"，到 2010 年再选拔并培养 600 名一、二层次人员，并对其实行滚动培养管理。21 世纪初，浙江省高等教育正值迈入大众化的关键时期。浙江省教育厅根据省委、省政府关于大力发展高等教育、建设教育强省

的指示精神，加大对全省高校中青年优秀人才的培养与扶持力度，实施《浙江省高校中青年学科带头人培养计划》，形成浙江省高校教师队伍持续发展的良性管理科学体系，目前已经培养形成一支具有一定学科影响力的中青年学科带头团队，推动了全省高校教师整体素质的全面提升。

根据 2005 年调查数据显示，全省 200 名学科带头人主要集中在省属本科院校，其中浙江工业大学、浙江师范大学、宁波大学、浙江工商大学、杭州电子科技大学、浙江理工大学等办学实力较为雄厚的院校达到 112 人，占到总人数中的 56%。然而，在高职高专院校绝大多数仅有 1～2 人参选，本科院校平均参选人数为 9.4 人，不同高校之间仍存在明显差异。因此，由于这些高层次人才在全省高校之间分布不均衡，加之目前主要实施人才单位所有制，导致所选拔出来的部分教师因其学科原因存在地域性照顾的因素，从而导致在评选上出现重选拔、轻质量的现象。此外，因为目前在全省高校系统内部没有建立起高层次人才的共享机制，这些人才难以实现跨校流动，在一定程度上影响其使用效率。

第二节　浙江省高等教育现代化发展的探索与启示

由于浙江省高等教育基础总体上较为薄弱，在过去较长时间内高等教育综合实力与高教强省建设的总体要求相比存在着巨大差距。近年来浙江省高等教育大众化向普及型转进的趋势更加明显已，浙江高等教育发展正面临着巨大的机遇与挑战。

一、高等教育总体规模与区域经济发展水平仍然脱节

浙江省作为全国经济较为发达的省份之一，其 GDP 总量连续多年位列全国排名第四位。从 1978 年至 2019 年，全省 GDP 从 124 亿元增

加至 62352 亿元，增长了 502.84 倍，从当时的全国第 12 位跃升到全国第 4 位；人均生产总值从 331 元增加到 107624 元，按照年平均汇率约合 15601 美元（位列全国省、直辖市和自治区第五名）。根据 2014 年发布的《中国省域竞争力蓝皮书》数据显示，在 2012 年全国经济综合竞争力排名中，江苏首次超越广东居第一位，浙江省首次排名第五位。因此，从经济发展水平来看，浙江完全可称为经济大省、经济强省。然而，高等教育发展规模与其经济发展状况却呈现出明显差距。截至 2013 年，浙江普通高校 106 所（含独立学院及筹建院校），其中本科院校 57 所（包含 22 所独立学院），高职高专院校 49 所，高校专任教师 5.6 万人，高校在校生 101.74 万人，其中研究生 57801 人，本专科学生 95.96 万人。与经济实力相当的江苏相比，同在 2013 年，江苏省普通高校数量为 131 所，高校数量位居全国首位，其中本科院校 71 所（包含 25 所独立学院），高职高专院校 82 所，高校专任教师 10.6 万人，高校在校生 183.04 万人，其中研究生 14.59 万人，本专科学生 168.45 万人。长期以来与长三角其他省市比较差距很大，由此可以看出，浙江省高校人才培养规模与高教强省还存在着不小的差距，也与其经济发展水平存在一定程度上的脱节。

二、高等教育对助力当地经济发展的直接贡献度不足

浙江省是全国中、小民营企业较为发达的省份之一，但普遍存在产业层次偏低、发展后劲不足、研发力量薄弱、技术水平较低等问题。过去浙江省高校未能洞悉市场需求，反应迟钝且时滞太长，专业设置和人才供应与社会需求存在明显脱节的现象。例如部分专业设置存在不尽合理的现象，师资、教学与课程建设管理跟不上社会行业发展的实际需求，导致人才培养质量不高以及当地高等教育对地方经济增长的促进作用不明显等问题。据相关统计测算显示，2001—2011 年，浙江省高等教

育对经济增长的贡献率仅为 5.55%，虽较于全国平均水平（3.62%）相比略高，但从国际发展水平的横向比较来看，浙江省高等教育对经济增长的贡献率仅相当于世界主要发达国家在 20 世纪七八十年代的平均水平。另外，在人均受高等教育年限年增长率方面，尽管浙江省以 15.43% 增长率位列全国第三名，但是相关研究表明，2011—2020 年浙江省高等教育招生数量平均增长率呈现出稳中有降趋势，浙江省高等教育发展亟待从追求规模扩张到寻求内涵发展转向，以此提升人才培养质量和助力地方经济社会发展。

三、高等教育当前办学整体层次结构尚处于较低水平

据武汉大学中国科学评价研究中心（RCCSE）发布的"大学教育地区竞争力排行榜"历年数据显示，浙江省 2018—2019 年大学教育地区竞争力排行榜得分为 61.84，排名第七位；同一时期内，在武书连编著的《全国百强高校排行榜》中，浙江省仅仅上榜 4 所高校，分别为浙江大学、浙江工业大学、宁波大学和浙江师范大学，而该年度内江苏省百强高校数量有 15 所，北京有 17 所，上海有 9 所，湖北有 7 所。浙江省高校无论是数量还是名次上，均全面落后于及京、苏、沪、鄂等国内高等教育较为发达的省区，与湘、川等省区的高校数量大致相当。就国家级办学平台而言，全国"985"重点建设高校中浙江省仅有浙江大学 1 所，而上海有 4 所高校入选，江苏、湖北、山东等地也各有 2 所。"211"重点建设高校中，浙江省也仅有浙江大学 1 所入选，与之相对应的是上海有 9 所，江苏有 11 所、湖北有 7 所、山东有 3 所。在研究生培养方面，武汉大学公布的"研究生教育地区竞争力排行榜"中，浙江的研究生教育竞争力多年位列 7 ～ 12 位，尽管浙江省 GDP 占到了全国的 6.71%，但在校研究生仅占全国的 3.15%，再次证实了高等教育发展状况与地区经济综合水平不相吻合。另外，浙江省目前具有博士、硕士学位授予点

的高等院校还是太少，且整体办学实力和教学水平偏低，这与浙江省实施经济强省、科技强省、文化大省等重大发展战略的部署以其经济社会发展水平不相均衡。

四、高等教育总体学科实力与专业建设亟待全面提升

据有关统计数据表明，浙江省"五星级"高校专业门类数量较少，仅有中国美术学院和浙江大学两所学校有门类进入五星；五星及四星专业占全部专业比例仅为20%，处于全国平均水平。从专业方面来看，目前浙江省本科院校覆盖的专业面还略有不足，仅占到全国的52%左右；且专业星级分布也极不均衡，仅浙江大学五星级专业就占到了全省的76%。在国家级重点学科方面（含国家培育学科的二级学科），2019年浙江共有32个，与之对应的，上海有104个，江苏有99个，湖北有113个。由此可以看出，浙江省高等教育学科实力整体还处于偏低水平，且省域内不同高校间学科实力差异非常突出。

第五章　浙江省高校在思想政治教育领域的经验和探索

　　伴随着浙江省整体高等教育事业的蓬勃发展，在深入学习、贯彻包括新时期中国特色社会主义高等教育思想理论体系在内的中国特色高等教育思想理论与方法过程中，不断积累了丰富的地方经验与具体做法，并形成了以"互联网＋思想政治教育"为典型地方特色的先进模式，为扩展与丰富我国高等教育理论架构与创新发展提供了翔实的案例与制度创新。鉴于目前相关理论界与实务界对于中国特色高等教育思想理论体系的探讨多集中于思想政治教育环节，因此本章侧重于对浙江省高等教育思想政治教育方面的发展面貌、实践经验以及制度创新等层面展开系统性梳理、解构与总结，以期为我国特色社会主义高等教育事业的持续性健康发展提供理论指导，同时也有助于全国广大在校大学生等有志青年提高思想道德素质、社会国民意识以及爱国主义情感，为实现中华民族伟大复兴贡献自己的力量。

第一节　浙江省高校在思想政治教育领域的经验

一、高校改革背景下思想政治教育工作的实践思路

（一）深化新形势下思想政治教育的重要性

自党的十四大召开以来，党中央加快改革开放发展战略。因此，在新的历史发展时期，思想政治工作亟待进一步加强和全面改革，这主要是由于在建立、健全中国特色社会主义市场经济体制的进程中，人们的思维观念、价值取向、生活方式，乃至整个社会行为模式都发生很大变化。这一改变增加了思想政治工作和思想政治教育研究工作的难度和复杂性，加强思想政治工作是建设中国特色社会主义的应有之义，是实现中国特色社会主义事业的必要前提，是坚持中国特色社会主义基本路线的思想保障。此外，思想政治教育在协调社会公共关系、凝聚民众意识等方面也发挥着至关重要的作用。全面推进全民族思想政治工作的重要环节在于加强高等教育思想政治教育建设，不断提高新形势下高校思想政治教育研究，使高校思想政治工作充满鲜活生命力和时代气息，坚持在高校教学和日常管理过程中将德育放在首位，坚持中国特色社会主义办学根本方向，以期为社会主义现代化建设事业培养合格的建设者和接班人。

（二）加强高校思想政治教育领域研究

思想政治教育研究要坚持理论研究和实践调查相结合的基本原则，

既要强调研究思路上所应遵循的基本理念，同时也要关注新形势下，特别是深化高等教育改革进程下所呈现的新问题、新现象以及新特征的归纳与分析。就当前马克思主义理论课和思想政治教育课程在大学生整个大学生涯的意义而言，如何正确处理好"思想政治课程"与整个学生培养方案关系、如何提升并改进当前思想政治教育的教学模式，以保证学生德、智、体全面发展以及如何推进并优化思想政治教育师资队伍建设等问题，都是当前思想政治工作者亟须探索并给予系统回答的时代性课题，不仅具有重大的理论研究价值，在高校思想政治教育工作的实践活动中也具有重要的指导意义。另外，在强化当代高校思想政治教育的研究之中，一个重要的实践方面便是加强当前有关思想政治研究学会的学术能力建设，以此作为提升整体思想政治教育领域相关研究的重要契机。拟定和规划工作制度和基本流程，加强与各会员单位及会员的学术联系，积极开展相关学术交流活动，以此活跃学术范围、增强学会凝聚力量。另外，常务理事会应组织召开学会内部年度例会，对本年度的工作进展作出及时汇报总结与详细分析，加强对马克思主义理论课和思想政治教育课等有关课题的指导与提供相关建议，按照组织总体工作部署和内部成员的侧重点开展相关研究与交流，使整个思想政治教育工作形成有机的整体，运用团队和组织的力量促进高校思想政治教育全面发展。

（三）构建新形势下"大思政"教学新体系

2014年5月4日，习近平总书记在北京大学师生座谈会上强调："青年的价值取向决定了未来整个社会的价值取向，而青年又处于价值观形成和确立时期，抓好这一时期的价值观养成十分重要。"因此，结合浙江省经济社会发展实际和全省高校学生群体特点，通过创建"大思政"教学新模式的实践探索，适当引入校外资源进校园以及校内群体走出校园进社会、进实践，提高高校思想政治教育工作的时效性与吸引力。

一是坚持高校思想政治教育工作"请进来"。浙江省委以及相关部门机关与全省高校建立长效合作新机制，部分高校积极引入政府等相关资源，成为助力于高校思政教育工作开展的重要力量。例如，浙江大学启动并实施的"彩虹人生"育人项目，通过聘任地方政府官员、相关企业家以及社会知名人士，通过导师责任制的方式，开展多样式、多类型的高校教学交流活动，以达到拓宽学生视野，促其成长、成才的目的。浙江省作为我国的文化大省，近年来开展的人文大讲堂、高雅艺术进校园等活动，为在校大学生提供了富有时代特色的精神感召和文化渲染，让莘莘学子接受来自校园之外的优秀教学思想和中华优秀传统文化，取得了良好的育人目的。

二是坚持大学生思想政治教育工作"走出去"。习近平同志在浙江省任职期间曾提出浙江省"创业富民、创新强省"的发展战略部署，为当前浙江省不断涌现的大学生创新创业热潮奠定了坚实的基础。部分高校主动参与省、市政府的一些相关课题，如杭州市政府的"师友计划"，通过导师创业项目指导的模式，让学生在创业实践过程中增强社会认知和文化自信。

另外，可充分运用浙江省各地现有的较为丰富的创新创业"小镇"资源和当地红色教育资源，创建大量的思政教育实践基地，让在校大学生走出校园、走入社会、融入社会，向实践学习。

（四）探索线上高校思政教育新模式

做好网上舆论工作是一项长期任务，要弘扬主旋律，激发正能量，大力培育和践行社会主义核心价值观。近年来，浙江省互联网产业由于行业基础较为雄厚，目前发展相对成熟，可尝试探索运用信息化技术与相关平台开展大学生思想政治教育工作的新模式。首先，因势利导，创建新时代背景下网络思政教育的新形式。当前处于大数据时代下的高校应高度重视思政教育的网络阵地，充分运用微信公众号、社交类 APP、微博等即时通信软件与平台，加强对网络舆论引导和信息发布。在此基础上，推进高校网络教学资源的建设，通过微党课、微视频、网络党支部、微电影等信息化平台与传播载体，将当下中国特色社会主义核心价值观以及时代主流思想进行创作加工成为学生喜闻乐见的学习资源，转变传统的以说教为主的课堂教学模式，提升高校思想政治教育工作的成效。然后，双管齐下，构建高校思想政治教育的多元化实施机制。在信息化时代下，传统思政教育模式需要全面改革与及时更新。一方面，高校思政教育要在传播当前环境下新的思想理念与时代潮流，同时重点提升学生网络人文素养，引导大学生理智、科学地运用新媒体资源，并加强其网络道德意识和法治意识。另一方面，高校应进一步健全思政教育信息监控，通过网络舆情监测技术科学地抵御不良信息、有害思想和社会负能量的传播与侵袭，构建开放、共享、互动、文明的网络社区空间，构筑健康、良性的线上教育环境。

二、建设并开发结合专业背景的思想政治教育资源

随着当前高等教育领域思想政治教育改革的全面推进，挖掘具有一定专业特色的地方性思想政治教育资源越来越引起相关学者、高校思政工作管理者的持续关注。2017 年 2 月 17 日中共中央、国务院印发的《关于加强和改进新形势下高校思想政治工作的意见》中明确提出"要加强课堂教学的建设管理，充分挖掘和运用各学科蕴含的思想政治教育资源。"因此，挖掘课程思政教育资源是有效推进课程思政的先决条件。目前，关于如何有效挖掘出专业课程关于思想政治教育资源，还缺少系统性总结。接下来就简要介绍浙江省金华市某地方院校在这方面开展的有益探索与实践，以期对当下高校专思想政治教育的创新式发展提供一定借鉴。

（一）瞄准思想政治教育资源开发的导向

在高校思想政治教育工作实施过程中，课程设计与开发是其中的重要环节。高校思政教育的重点在于对相关思想的引导与把控，优秀的教学资源与教学载体更是思政教育的灵魂所在。习近平总书记2016年在全国高校思想政治工作会议上指出："使各类课程与思想政治理论课同向同行，形成协同效应。"这为我国当前高校思想政治教育工作的开展指明了方向。立足于思政教学的本位，要求高校在稳抓课程思政建设突出从教学资源开发的源头上找准方向，紧扣高校思想政治教育的育人的基本导向。一是坚持正确政治方向。习近平总书记强调："我国高等教育肩负着培养德智体美全面发展的社会主义事业建设者和接班人的重大任务，必须坚持正确政治方向。"坚持正确政治方向的关键在于坚持四项基本原则。《关于建国以来党的若干历史问题的决议》明确指出："四项基本原则，是全党团结和全国各族人民团结的共同的政治基础，也是社会主义现代化建设事业顺利发展的根本保证。一切偏离四项基本原则的言论和行动都是错误的，一切否定和破坏四项基本原则的言论和行动都是不能容许的。"因此，在思想政治教育资源开发过程中，必须坚持四项基本原则，从源头上把准政治方向，防止所开发的课程与思想政治理论体系背道而驰。二是坚持育人导向。教育部印发的《高校思想政治工作质量提升工程实施纲要》，在坚持育人导向中明确指出"全面统筹办学治校各领域、教育教学各环节、人才培养各方面的育人资源和育人力量，推动知识传授、能力培养与理想信念、价值理念、道德观念教育的有机结合，建立健全系统化育人长效机制"。要深入挖掘、开发有利于理想信念、价值理念、道德观念教育的各种思想政治要素的创新与总结，其中关于理想信念的教育资源主要包括经典马列主义、毛泽东思想和中国特色社会主义理论体系的相关资源；价值理念和道德观念教育资源主要源自社会主义核心价值观、以爱国主义为核心的民族精神和以改革创新为核心的时代精神教育的相关资源。可以说，在上述中国特色社会主义理论体系之中都蕴含丰富的思想政治教育资源，但是只有在源头上把握好、树立好有关地方性思政课程资源开发的育人导向原则，才有真正做到在思政教育资源开发过程中有序有效、有章可循，进而落实好"同向同行"的总体要求。

（二）提炼思想政治教育资源开发的主题

可以尝试以专业为基本单位，着眼于同一专业内不同课程思想政治教育资源之间形成良性的整体化体系，其核心在于挖掘不同学科和专业课程的思想政治教育资源，建立有机统一的课程体系，形成全学科、全方位、全功效的思想政治教育课程体系。由于目前高等教育专业分类繁多且较为复杂，每个专业又包含不同方向的教学课程，因此构建较为系统化的整体思想政治教育框架就具有非常突出的现实意义；进而如何从整体上思考和把握不同课程内部之间的育人资源，是关乎思政教育课程资源开发的根本问题。一是坚持从宏观层面把握各课程资源的开发，通过凝练思政教育资源开发的核心主题，将同一专业内各门课程的有关思想政治教育资源统一在主题范围之内，这样每门课程的思想政治教育资源就成为整个专业思想政治教育资源体系的有机组成部分，使得各类课程资源之间形成相互协同的有机整体。二是要提炼具有特定专业特点的思想政治素质教育的总体目标。不同专业的人才培养目标与定位以及对思想政治素质的要求都不尽相同，要以专业或专业群为基本单位，以专业人才思想政治素质的规定性为基本价值取向。专业人才思想政治素质的规定性，一般可分为以下两个层面：第一层面是国家层面，对在校大学生思想政治素质要求，主要包括理想信念、价值理念、道德观念以及政治观念等意识形态，这体现了思想政治素质的方向性；第二层面是专业或职业层面，对从业人员的思想政治素质要求，主要包括职业理想、职业态度、职业责任、职业取向等职业精神，这体现了高校大学生将来在职业生活中所应具备的思想品质。因此，要将上述两个层面的规定性相结合起来，突出专业层面的思想政治素质要求，提炼出具有专业特质的核心主题，进而大大提高思想政治教育资源开发的效率。

（三）厘清思想政治教育资源开发的主线

各门课程都蕴含不同特色的思想政治教育资源，因此，在资源开发过程中必须以课程自身特点为基本取向，厘清资源开发的主线，将这些具有课程特色的资源充分挖掘出来，这也是习近平总书记说的"守好一段渠、种好责任田"的总体要求。

首先，明确各课程思想政治教育资源开发的具体目标。明确整个专业的总目标，继而具体到专业内的每门课程层面，也应该有明确规定。具体课程的思想政治教育目标是总目标的具体化。对于特定大学专业课程来说，就是要依据该门课程所对应的工作岗位或人才培养方案的思想政治素质要求将总目标进行具体分解，并以此统领课程思想政治教育资源开发。

其次，以课程知识体系或教学基本流程为线索，确定资源开发内容。各类课程知识体系或教学体系有其自身的独特性，其承载的思想政治教育资源，也有自己独特的价值。课程思政是依托课程知识体系开展的思想政治教育，专业课程知识是教学的主线，也是思想政治教育的有效载体，所以必须以课程知识体系为基本线索，确定课程思想政治教育资源开发的基本内容，形成与专业课程知识体系相契合的相关资源。

再次，要运用课程本身独特的理论、视域和方法，挖掘契合课程特点的资源。资源开发实践中，要特别注意两类情况：一是同一课程的同一知识点，由于视角和方法不同，可以挖掘出不同资源；二是不同课程中存在相似的知识点，蕴含较多同质化的思想政治教育资源。这在一些哲学社会科学类课程和带有跨学科性质的课程中是较为常见的现象。针对这两类情况，要坚持运用本学科或本课程的基本理论、视域和方法，挖掘出体现课程自身特点的思想政治教育资源，这样既可以减少与其他课程育人资源的同质化效应，也可以避免资源利用中故意人为建立误导性结论。

（四）紧抓思想政治教育资源开发的要点

资源开发中要以学生基本特征为本位思考，根据学生学习情况抓住资源开发的关键环节。实用主义教育观的代表性观点认为，只有那些真正为学生经历、理解和接受的东西，才称得上课程。为此，在思想政治教育资源开发的过程中需要做到几下几点。

首先，从学习者角度出发，选择思想政治教育资源开发的需求点。课程思想政治教育资源开发要坚持方向性，体现党和国家对大学生的思想政治意识形态的总体要求，但也要从学生的基本立场考虑，围绕学生学情开发具有针对性的资源。需要强调的是学生发展需求并非要单纯突出学生个性的发展需要，而是进一步实现其个性发展需要与国家战略和社会发展要求相统一。因此，要在充分对学生群体特征展开调研分析的基础上，准确把握学生发展需要，选择其中典型的、具有广泛代表性的并适合融入思政元素的"需求点"进行有针对性的开发，以此实现课程思想政治教育资源开发与学生成长发展需要相契合。

其次，从学习者角度出发，要紧抓思想政治教育资源开发的兴趣点。众所周知，兴趣是最好的老师，了解了学生的兴趣所在，就可以大大提高思想政治教育资源开发的效率。不仅在内容选择上要贴近当前大学生的主要兴趣点，而且在资源呈现形式上也要贴近当前大学生所喜闻乐见的方式。

再次，结合学习者的学习经验，挖掘资源开发的结合点。课程思想政治教育资源如果离开学习者经验的依托，在教学成效方面势必大打折扣。因此，思想政治教育资源开发要选择与学习者经验相联系的结合点作为依托。

最后，从学习过程出发，找到资源开发的生长点。学习者既是学习过程的主体，本身也是重要的教育资源。学习过程中学生的行为、情感、态度等都是现成的具有鲜活性的资源素材。教师要抓住学生学习过程中的问题与困惑，挖掘课程实施过程中的资源生长点，深拓资源开发的内容，丰富课程思想政治教育资源的内涵。

（五）打造思想政治教育资源开发的亮点

专业教师队伍是课程思想政治教育资源开发的主体。思想政治教育资源的开发和利用都需要依托扎实的专业知识，只有依赖专业教师才可能对专业课程中的思想政治教育元素进行深度开发，并通过课堂教学环节进行合理利用、启迪学生思想政治素质提升和自身的健康成长。因此，基于这一前提，专业教师是课程思想政治教育资源开发当仁不让的主体。立足教师本位优势，要充分发挥专业教师的主观能动性，运用自身专长，挖掘思想政治教育资源的崭新特质，形成资源开发中的亮点。

第一，要运用自身的研究专长，挖掘资源开发的深度。当下全省内高等院校中许多专业教师身兼多门专业课程教学，要求他们对这些专业课程中的思政教育资源进行高质量的开发并不现实。尺有所短，寸有所长，专业教师都有自己的研究领域和方向，能在自己擅长的领域深挖思想政治教育元素，有利于形成以深度见长的课程思想政治教育资源。

第二，要结合自身的教学兴趣，拓宽资源开发的广度。每位教师都有自己的兴趣爱好，要主动把自己的兴趣专长运用到资源开发中。与发挥专业领域的研究专长不同，教师要运用自己兴趣专长的方式而非专业研究的视角，去审视、挖掘和呈现专业课程中的思想政治教育元素，这不仅可以有效拓宽资源开发的广度，避免与其他专业教师资源开发同质化现象。

第三，要结合自己教学风格，提升资源开发的适切度。每位教师都有自己的教育思想、生活经历、个性特点和教学方法，由此形成自己独特的教学风格。不同风格的教师特点不一，理智型风格的教师长于"以理服人"，情感型风格的教师擅长"以情动人"，幽默型风格的教师喜欢"以笑博人"，等等。专业教师要结合自己的教学风格进行资源开发，尽可能提升资源类型与教学风格的契合度。当然，思想政治教育资源的开发不仅要发挥教师个体的主动性，还要发挥教师集体的协同作用，形成在思想政治教育资源开发方面的团队合力。

三、推动思政教育与心理教育等通识教育高度融合

（一）建立"大德育"观并进行实践运用

学校对于学生的思想政治素质和心理健康状况应该进行全面了解与掌握，新时期内高校要树立全面的"大德育"观，依据学生的实际情况，注重培养学生思想品质建设，引导学生健康成长与成才。结合教育内容，以教育主体的需要执行教育活动的首要目标，树立以人为本的德育理念。过去很长一段时间内传统意义上的高校思想政治教育工作发生了一定程度偏离，教育者和学习者长期处于不对等的状态，教育者处于绝对强势地位，学习者被迫接受相关知识点，对思政教育相关课程的学习动机与学习兴趣非常低迷，这对我国高校思想政治教育工作的开展造成严重的阻力。因此，在新时期下高校思想政治教育工作应充分结合教育内容和总体目标，树立正确的德育理念，促进大学生的全面发展。就思想政治教育和心理健康教育的基本关系而言，思想政治教育和心理健康教育既存在相似之处，又存在明显差异，在针对两者的教学过程中应该充分地取长补短，发挥各自领域教学优势，丰富各自教学方法。另

外，想要让心理健康教育和思想政治教育相结合取得有效成果，就必须要加强教学实践，让学生在实践过程中不断丰富自己、完善自己。

（二）大力推动校园文化建立并助力思政教育

众所周知，校园文化具有重要的育人功能。学校是大学生学习、接受思想政治教育的第一阵地，同时是学生学习、生活、参与社会化活动的主要场所，学校综合管理水平、教师专业能力、校园教育环境等会对学生的思想政治素质的养成与完善造成都潜移默化的影响。因此，要搞好校园文化环境建设，创新教育环境，促进学生养成良好的行为习惯和综合素养，进一步提高学生的思想政治水平。另外，高校思想政治教育和心理健康教育取得良好成效的关键之处在于制定教育目标。依照教育总体目标，采用科学的评价手段和评价方法，对在实行思想政治教育和心理健康教育过程中阶段性成效作出评价和分析，并依据分析结果，科学化的调整并提升大学生思想政治教学的时效性。

（三）人文通识教育课程思政的实践案例：以"中西文明十五讲"为例

2012 年，浙江工贸职业技术学院等开始着力于高职院校的通识教育实验性改革探索。截至 2017 年冬 / 春学期，该校已开发出了 28 门通识教育专用课程，并分为"人文素养""科学素质"和"职业能力"三大基本类别。其中"中西文明十五讲"是"人文素养"类的核心课程，共有十五讲，以中、西文明对比讨论课的形成开展教学实践活动，选取若干中西文明进程中比较有代表性的片段重组成专题，共设计了文明的起源、思想、航海、节日、科技、古典文明的终结等六大专题，每个专题在分中、西两个维度组织两个课时，最后的一讲是总结"各有千秋"。课程大纲明确了以下两点。

1. 教学目的与基本原则

我国有独特的历史、独特的文化、独特的国情，要教育引导学生正确认识世界和中国发展大势，能够全面认识中国、客观看待外部世界。习近平总书记在全国高校思想政治工作会议上强调："正确认识时代责任和历史使命，用中国梦激扬青春，为学生点亮理想的灯，照亮前行的路，激励学生自觉把个人的理想追求融入国家和民族的事业中，勇做走在时代前列的奋进者、开拓者。""中西文明十五讲"的课程思政课程正是响应习近平总书记的时代号召，打破旧有学科限制，贯彻高职院校"思文通识"的有益探索。在开发和教学实践过程中，"中西文明十五讲"采用专题化以及案例化的讲授方式，尽量少讲甚至不讲理论，多讲史料，力求将思想政治教育气息潜移默化地传达给学生，以此促进学生在简明的中西文明比较剖析中全面地认识中国与客观看待世界。

中国高校的立身之本在于立德树人。办好中国的高校，必须坚持以马克思主义为指导，全面贯彻党的教育方针。"中西文明十五讲"系列课程正是以马克思主义理论为指导思想进行开发的，并在课程中适当吸取了马克思列宁主义、毛泽东思想、邓小平理论、"三个代表"重要思想、科学发展观以及习近平新时代中国特色社会主义思想的基本原理与经典理论。例如，在谈到文明的多样性时，课上介绍了习近平总书记对此的思考。习近平总书记 2014 年在巴黎联合国教科文组织总部发表的重要演讲强调："文明是多彩的……不论是中华文明，还是世界上存在的其他文明，都是人类文明创造的成果。"与此同时，"中西文明十五讲"系列课程紧扣"思文通识"的教学目标，以中华优秀传统文化为载体，大力弘扬社会主义核心价值观。例如，"中西文明十五讲"在第五讲关于"儒家思想与中国社会传统"以中华儒家文化的发展和演变为开篇，介绍了儒家文化中"礼"与"和"的基本思想，引导学生从丰富的中华优秀文化传统吸取养分，加深对社会主义核心价值观中"文明""和谐"的认识与理解。

2. 教学模式与基本方法

习近平总书记在全国高校思想政治工作会议上指出："做好高校的思想政治工作，要因事而化、因时而进，因势而新。要遵循思想政治工作的规律，遵循教书育人的规律，遵循学生成长的规律，不断提高工作能力和水平。"课堂教学是大学生接受思想政治教育的主渠道。要高质量地完成习近平总书记的要求，对高校相关教师来说，就应该使人文通识课程与思想政治理论课程同向而行，形成协同效应，在教学中坚持以学生主体为中心，深入贯彻、落实以文化人、以文育人的德育理念，不断增强思想政治教育的表现力和时效性以及对学生的吸引力，从而春风化雨、入脑入心。"中西文明十五讲"系列课程在讲授过程中力求生动有趣、通俗易懂，每一讲围绕四到五个核心点逐渐展开，做到深入浅出。该课程彻底摒弃对学生固有知识结构与传统学习能力的考查，依照"认知—理解—思考—感悟—认同"的创新式教学模式，鼓励学生就相关专题内容表达自己的理解与认识，以提高学生自主思维、独立判断的自主学习能力。最后，通过教师全程参与的教学组织原则，针对高职学生的思想特征，充分充当好引导者的角色，最终促成学生的个人感悟和精神认同，从根本上改善学生对于思想政治教育课程的认识。

四、实现地域文化与高校思想政治教育的有机结合

（一）重视对特色地域文化的开发与应用

一是加大资金投入。推动地域文化全面融入高校课堂教学环节、高校校园文化领域、高校社会实践活动等各个方面，广泛参与相关的课题

研究、师资培训等文化传播活动中，而执行上述计划都离不开大量的资金支持，这也是地域文化融入高校思想政治教育工作的基本保障。一方面，高校通过专门设立地域文化保护和开发的专项资金，并根据学校自身实际情况，有计划、有目的地逐年增加经费投入；另一方面，高校要抓住一切筹集资金的渠道，全方位、多角度地筹集资金投入，为将地域文化引入高校思想政治教育体系中奠定物质条件。

二是重视引进和培养专业教师队伍。邓小平同志曾非常富有远见地提道："一个学校能不能为社会主义建设培养合格的人才，培养德智体全面发展、有社会主义觉悟的有文化的劳动者，关键在教师。"因此，一支政治素质过硬、业务能力强、教学技能熟练的专业化思政教育队伍，尤其是对当地地域文化知识十分熟悉并且充满热爱的专业化师资队伍，是促使地域文化发挥思想政治教育工作重要意义的关键所在。对此，对于有本地域文化知识背景的专业型、复合型的人才能力建设而言，在人才引进、业务培训、职称晋升等方面提供一定的倾斜，为这些教师的工作、生活以及从事相关科研活动等营造良好氛围，以保证授课教师地域文化知识水平的提升与教学质量的提高。此外，要加强各校之间相关教师的交流和学习，及时分享并总结地域文化给高校思想政治教育工作带来的成效与不足，总结教训，使整个地区思政教育工作者的综合素质得到全面提升。

三是重视对地域文化资源的开发。高校根据区情和校情建立相应的研发基地，切实加强对地域文化资源的研究与开发工作，形成特色鲜明的地方性思想政治教育领域的研发基地。各校思想政治理论教研部门相应相关研究机构，应在地域文化资源保护和开发利用方面发挥主导作用，高校相关管理部门应为相关课题研究的实施、管理、监督等多个环节提供必要的方便与建议，对研究前景比较好的科研项目予以重点扶持和重点建设，为地域文化进校园搭建良好的科研平台。另外，高校也可以加强同社会力量方面的合作，使地域文化资源的研发工作向"走出去"方向发展。例如，高校可以同政府文化部门、宣传部门、社会科学研究部门以及企业、社会性学术机构等开展联合研发工作，努力形成系统性、全面性以及动态性的地域文化资源研究新机制，以促进研究成果的推出；与此同时，研发的学术成果，要及时加以推介，并适当融入高校课程教学实践之中，使之焕发出勃勃生机。

四是重视地域文化知识的教学评价体系建设。教学评价体系的建设，其作用与地位毋庸置疑。当前浙江省高校在将地域文化资源融入高校思想政治教育过程中，应遵照符合地域情况、学校情况、教师情况、学生情况的基本原则与要求，建立地域文化知识评价体系，使地域文化知识融入高校思政理论课教学更加规范、科学。另外，在教师教学评价上，尝试建立科学可操作的地域文化知识教学评价方案，将学生评价、教师自我评价、校内外专家评价、校教学督导组评价等相结合起来，评价采用匿名形式进行。对评价结果优秀的教师，学校应给予物质或精神的奖励，将其教学的成功经验通过报纸、杂志、新闻媒体、广播、电视、网络等加以及时宣传；对于总评分数较低的老师，学校以及学院教学部门应帮助其查找原因，寻找解决对策，以利于其以后的教学。在对学生的评价方式上，教师要首先设计好考核评价方式，多样化评价，将理论成绩与实践能力评估相结合、笔试成绩与面试成绩相结合、平时成绩与期末成绩相结合、闭卷成绩和开卷成绩相结合，以提高教学质量和教学效果。

（二）推动高校思想政治理论课教学改革

开发并利用地域文化资源，以此用于提升高校思政理论课教学效果，是当前高校思政课教学改革的重要方面。将地域文化资源融入高校思政理论课教学，能极大激发学生学习兴趣和积极性，培养学生的乡土情感和爱国主义情感，进而提高学生综合素质。将地域文化知识融入国家规定的高校思政理论课，并非另起炉灶，也不是更换国家规定的高校思政理论课课程，而是"以地域文化知识的丰富内容，对国家规定的高校思政理论课内容和体系，作较为准确的注解、阐释"，提高高校思政理论课教学的时效性。

一是编写相关教材，丰富高校思政理论课内容。高校思政理论课教材是高校课程资源的重要载体和构成部分，编写高质量的教材是提升高校思政理论课教学水平的关键所在。思政理论课教材的编写要在国家统编教材内容编写规定的基础上，灵活吸纳各地丰富的地域文化资源，将其引入国家思政理论课统编教材体系。地方性高校思政理论课教师应根据教育部的总体要求，结合地方高校实际情况，依据高校教学目标和教学进度，创造性地运用统编教材，对地域文化资源中蕴藏的思想政治教育资源进行细致整理、提炼和升华，使之以参考读物或案例分析等形式呈现，并将其作为高校思政理论课重要的辅助性教材，以丰富高校思政理论课教学内容，优化教学效果。

二是对现有思政理论课教学模式进行全面改进。思政理论课课堂教学是将地域文化融入高校思想政治教育的主要阵地。将地域文化知识引入高校思政理论课课堂教学，要打破以往陈旧的教学模式，引入新的学生易于接受的教学模式，以活跃思政理论课课堂教学气氛。首先，适时运用穿插教学法。根据高校思政理论课课程需要，在授课过程中穿插地域文化知识的有关内容。比如，历史图片、地方史料、地方志、历史人物，以及人物回忆录等内容。这种方法的恰当运用，可加深学生对授课内容的认知，帮助他们树立正确的人生观价值观。当前高校思政理论课的课程主要包括《思想道德修养与法律基础》《中国近现代史纲要》《毛泽东思想和中国特色社会主义理论体系概论》《马克思主义基本原理》等相关内容，在讲授每门课程时都可以将其与当地地域文化资源结合。

其次，实践锻炼法的运用。这种方法也可称为"LPC教学法"，特指"学生课堂授课＋幻灯片使用，再辅之以师生共同评论的教学方法"。这种授课方法可充分发挥学生主观能动性，提高学生授课的能力和拓宽学生知识面，极大地提高学生交往沟通能力和灵活应变能力。在实行LPC教学方法的过程中，教师要从宏观层面加以把握，帮助学生定好主题、选好授课方向，不使学生授课内容偏离社会主义核心价值观，在师生讨论阶段要做好总结工作，这种教学法充分体现了以学生为主体的建构主义教育观。最后，适当运用对话教学法。在现代教育技术（信息化教学环境）的技术支持下，通过与历史对话、与现实对话、与老师对话、与同学对话等相互交流方式，将地域文化知识融入高校思政理论课课程教学，培养高校学生理性、科学对待现实和历史的启蒙精神。比如，在讲授《毛泽东思想和中国特色社会主义理论体系概论》中的"毫不动摇地坚持对外开放"这节内容时，可播放《改革开放》等大型纪录片，结合当前我国发展的基本情况，然后让学生自由组合讨论改革开放对中国的重大影响，使学生在对话、交流、聆听中表达自己的所思、所想、所感，进而坚定中国特色社会主义建设事业的理想信念。这些方法的运用，最主要的是要充分调动学生课堂参与的积极性，使他们能自觉、主动地参与到学习中来。

（三）完善高校校园文化建设

高校校园文化由物质文化、精神文化、制度文化、行为文化等部分组成，不同高校可根据自身办学经验与特色在校园文化建设的不同环节中适当引入地域文化的相关教育资源，以此拓展高校思想政治教育的新方法与新渠道。

一是物质文化方面。高校校园物质文化是以实物载体的方式在校园内呈现，对高校教育教学实践活动具有重要辅助作用，它是高校构建和谐校园文化的基础性工作。部分地方性高校在物质文化建设过程中，一定要充分吸取并运用当地特有地域文化元素，使校园文化建设更加具有地域特色。在图书馆、教学楼、实验楼、教工和学生餐厅等高校校园重要的公共活动区域之内，精心设计并部署具有地域特色的名人画像及详细的个人简介等；在校园宣传栏内宣传当地历史人物的历史事迹；在教室内、宿舍内张贴当地大师或文化领军人物，曾经所说的名言警句或所写的书法作品等，以激励当代学生思想道德行为的良好形成。与此同时，可以由师生共同设计具有地域文化特色的文化艺术长廊，并定期更换其主题风格，以真实地展示当地古代和近现代人物的精神风貌，使学生在潜移默化中接受教育。另外，学校的道路、广场、教学楼、教室、图书馆等都可以以当地的历史名人进行命名，同时可以对该历史人物作简要介绍，通过署名化管理拓展地方文化资源"进校园"的渠道；同时，高校校车、校报、学报、校园景观等也可以适当融入地域文化因素，使之富含地域文化精神。通过上述在较为直观可见的物质性校园文化中融入地域文化因素，将使学生在不知不觉中做地域文化传播的代言人，学生的言谈举止也会深受感染和影响，并进而内化为个人的优秀品质。

二是精神文化方面。地方性文化具有鲜明的地域特性和民族属性，它是一个地方悠久历史的展示和当地人文精神的体现，反映该区域内所居住的人们长期形成的思维方式、价值取向、道德追求和文化观念深深地影响这域内人们的生产方式、生活方式以及行为方式，具有显著的激励作用、导向功能以及育人作用。高校可以将这些隐性精神特质融合到学校的校歌、校训之中，成为该校大学生熟悉的精神记忆与时代情感，让学生在了解学校的发展历程中领会当地地域文化的精髓。与此同时，高校还可以通过在校内举办各类与地域文化有关的学术交流活动，如报告会、研讨会、高层论坛等，邀请当地文化名人或从事地域文化研究的学者，就地域文化和高校校园文化的融合等问题开展研讨，弘扬地域文化中的改革创新精神、诚实守信精神、敬业精神、实事求是精神，使高校校园文化建设更有特色、更具魅力。另外，在围绕高校办学特色、人才培养目标的基础上，结合校园精神文化建设，将地域文化中历史传统和现代文明的精华充分挖掘，使之内化为学生的良好品质和工作能力，学生的综合能力也会不断提升。

三是制度文化层面。要想保证高校校园文化建设有序开展，就必须使之制度化、规范化，在将地域文化融入高校校园文化时需重视该环节的具体实施。因此，通过制度建设将地域文化融入高校校园文化，建设地域文化与高校校园文化融合的共享机制。同时，在将地域文化引入高校校园文化时要研究并实施顶层设计预览，制定切实可行的融合性方案，如管理机制建设、队伍建设、监督机制建设、评价机制建设以及学生守则等规章制度，并随国情、校情以及学生情况的变化而不断调整完善。另外，可将地域文化中的服务理念、法制理念、制度理念、诚信理念等融入高校校园制度文化，培养良好的校风、学风，进而推动地域文化教育功能的实现。

四是行为文化方面。高校校园行为文化建设，在整个校园文化建设中易被师生感知，加之学生参与度高、实践性强，因此其他校园文化制度建设更具有时效性。在校园行为文化建设中融入地域文化，能够大大提升校园文化活动的品位。通过举行内容丰富、多姿多彩的校园文艺活动，学生在互动、参与中能够真切体会地域文化的独特魅力，增强对当地地域文化的亲切感、归属感和认同感。高校可以将当地富有特色的高雅艺术引入高校校园，或者聘请地域文化名人定期开展地域文化专题知识讲座，让学生深入了解当地地域文化历史，开阔学生视野。另外，学生社团和学生会组织是高校群众性的学生组织，是高校校园文化建设最为重要的载体，在地域文化融入高校校园行为文化方面，要充分发挥学校社团和学生会的引导与示范作用。例如在学校相关管理部门的指导下，开展和地域文化传承与保护有关的实地调研以及实践活动，并撰写完成调研分析报告、举办地域文化知识有奖竞赛，举行与地域文化知识相关的有奖征文比赛，开展以地域文化为主题的文艺晚会等。另外，在信息化时代下将地域文化融入高校校园文化，既要重视传统媒介（广播电视、报刊等）的选取与使用，也不要忽视新媒体（QQ、微博、微信公众号、抖音短视频、哔哩哔哩网站等）的运用。例如，校园广播是宣传地域文化较为合适的平台，在广播时适时穿插地域文化知识（当地的名人、名言、逸闻趣事等），可丰富学生的精神生活、提升校园广播的感召力。同时，高校可以开辟以"地域文化知识"为主题的微博和微信公众平台，将地域文化知识以图片、声音、文字等数字化传播形式进行网络教学，由专业人员维护和管理、由学生搜集和准备地域文化素材，此种方式的推行使学生可以随时随地感受地域文化的特殊魅力，提高高校学生学习地域文化知识的积极性，使其自觉主动承担起传播地域文化的责任。

（四）拓展社会实践活动内容

社会实践活动是高校思想政治教育开发并利用地域文化的又一重要"课堂"，是传统课堂教学的拓展、延伸，通过社会实践活动，学生能够在个人实践之中感受、感悟，体会其中思想与道理。高校要依托地方优秀的地域文化资源，在结合课堂教学基础上，将社会实践环节纳入将地域文化融入思政教育的重要环节。

首先，需要建立富含地方特色，具有长期稳定的实践教学基地，定期组织学生开展校外教学实践与社会调研活动，这是高校课堂教学有益的补充，可让学生"零距离"直观感受地域文化，如地方的博物馆、历史遗迹、烈士陵园、纪念馆，古村落、古建筑，以及现代化的工业企业、城市和农村社区等场所，都是很好的可以加以利用的校外教学实践基地。高校通过与地方政府、企业、农村等方面加强合作交流，秉持实际教学需求的基本原则，投之以必要的物力、人力、财力建设实践教学所需的基础设施，同时做好带队教师的教学和管理培训工作。基地建成投入使用后，要安排日常维护和管理工作；对基地的教学实践在运行过程中出现的问题，及时发现、及时解决，并对教学的内容、形式、效果及时进行评估，对于不符合要求的基地则立即更改调整教学课程。

其次，安排高校学生开展地域文化知识"进中小学"的教学实践活动。对于教学实践的学习是长期以来一直是我国在校大学生的必修课程，高校可将学生的教学实践安排在中小学校进行，高校学生在授课过程中适当融入地域文化知识，既能提高授课效果、提升教学技能，又能锻炼自己的语言表达能力、随机应变能力、分析问题和处理问题的能力。此外，中小学生对当地地域文化有着较为深厚的感情，易于接受，高校学生的授课能活跃课堂气氛、丰富他们的地域文化知识，同时还能促进地域文化的传承与保护。

再次，组织开展寒暑假社会调研活动。这种活动在学校统一组织的前提下，建立并健全相关规章制度，使校外实践调研活动形成制度化、标准化、规范化；安排定向资金，使活动的开展有充足的物质基础；另外，相关调研活动尽量安排在寒、暑假进行。比如，开展调研当地的历史文化、风俗习惯、访谈当地老者等一系列活动。调研结束后，学校相关老师、学生以及管理人员组织整理上交的材料，通过网络、新闻媒体、报纸杂志、微博、微信公众平台等形式将调研成果及时推介；对活动中涌现的好人、好事、好成果，给予奖励。

最后，开展志愿者活动。鼓励高校学生利用学习业余时间，组织并参与关于地域文化知识下村、下企业、下社区等公益宣传活动；或者也可尝试通过以志愿者身份参与当地地方文化事务；或者以志愿者身份参与地域特色文化的维护和整理工作等形容丰富多样的志愿服务，使学生在宣传推介地域文化的同时，也能接受地域文化的熏陶感染和思想洗礼，还能接受体力上强有力的锻炼。另外，在与地域文化的接触过程中，学生也可养成关心集体、关爱他人的良好思想道德品质。但是，需要引起高度重视的是，在校大学生志愿者参加此类志愿活动时必须注意自身人身和财产安全，不要单独行动，要同组织保持紧密联系。

（五）借力于来自政府和社会力量的支持

笔者认为，将地域文化融入高校思想政治教育这项工作仅仅依靠高校自身力量是远远不够的，地方政府、企业行业以及社会群体也应该为之作出一定的贡献。就政府方面而言，首先，政府可以充分利用自身所掌握的多渠道信息优势，通过定期对高校思政理论课教师进行培训、政府部门成员开展并主讲高校地方文化建设的学术讲座等形式，提供更加深度的支持力度。其次，为地域文化资源"进高校"提供资金支持。"百年大计，教育为本"，国家财政资金要优先保障教育方面的投入，国家经济社会发展规划要优先安排教育的发展。地方政府应站在发展地方经济的高度，不断增加高校开发利用地域文化资源的经费投入，使之用于开发利用地域文化资源的科研活动、社会实践基地建设、宣传活动等环节。其次，加强政府、高校以及社会力量共同合作，根据地方实际，打造具有地域文化特色的文化产业，使之以旅游资源的形式呈现在世人面前，既能为地方创收，又能很好地开发和利用地域文化资源。同时，在对高校学生适当培训和教育的基础上，安排他们在文化产业园内，对游客进行免费的地域文化知识宣传，这也将充分调动学生学习、宣传地域文化的积极性。最后，加快建设与地域文化产业发展方向相符合的重点特色学科和研究培养基地，在大力推进人才培养和学科建设的同时，将地域文化资源转化为经济资源，为地方经济发展贡献力量。

第二节 浙江省高校在思想政治教育领域的探索

一、"红色社团"在高校思政教育的尝试

浙江省部分高职院校积极探索创建"红色社团",尝试将高校思想政治教育"进社团",拓展大学生思政教育的新模式,为社团的有效运行提供借鉴。提高"红色社团"的体制管理、加强其队伍建设、增强社团凝聚力,走稳定发展之路,以此确保高职院校"红色社团"的建设落到实处,高效地发挥出"红色社团"在思想政治教育中应起到的作用。

(一)完善"红色社团"的体制建设与管理

社团活动必须按学校相关规定组织实施。"没有规矩,不成方圆",科学完善的管理制度是高职院校"红色社团"有序运行的基本保障。高职院校"红色社团"必须要有专门的社团规程,对社团的定位、宗旨、原则、组织纪律、会员权利和义务等诸多方面制定明晰的、具体的规定,社团在开展活动时就要严格按章办事,照章执行,坚决克服组织松散随意的缺点。

其次,建立合理的激励机制,在此基础上,充分调动每位社团成员的积极性。"红色社团"必须建立一个良好的激励机制,如对优秀学员的评选、优秀学员推荐为入党积极分子、发展预备党员等。通过一定的激励措施不但可以吸引更多的学生参与到红色社团中来,还可以提高社团工作的积极性与实效性,并在校园中形成积极向上的氛围。

最后,要建立客观公正的考核机制。对成员的社团活动情况通过考

勤制度进行考核，对无故或累计多次不参与社团活动的社团成员劝其退团；期末阶段，通过调查问卷等方式对团员进行理论学习的考核，取消考核不及格成员的社团资格。此外，可以采用会员活动累计积分制度，规定会员参加活动就可以获得相应积分，并按分数展开评比、奖励。这在一定程度上会提高会员参与活动的积极性。

（二）优化"红色社团"队伍能力建设

首先，加强对社团指导老师队伍建设。高职院校"红色社团"是对高职学生进行思想政治教育的有效载体，与常规思想政治课程教学形成互补关系。随着社会的发展，高职院校学生的思想呈现出多元化的趋势，因此必须要加强"红色社团"指导老师的专业理论素养和政治素养，更好地发挥"红色社团"的导向功能，保证红色社团健康长期繁荣的发展。然后，提高社团干部的综合素质和能力。社团管理干部是整个学生理论社团的重要组成部分，领导着整个学生理论社团的运行，对于能否开创学生理论社团的新局面，充分发挥学生理论社团在高校校园文化建设中的载体功能，社团管理干部起着至关重要的作用。通过民主选举产生的社团干部，可以在学生群体中发挥模范带头作用。此外，应有计划、有步骤地开展社团成员培训，以便提高社团干部的综合素质和能力。这是加强社团建设的重中之重，也是增强高职院校"红色社团"向心力和凝聚力的重要手段。

（三）加大"红色社团"的各方面基础性投入

首先，高职院校应加大对社团的物质投入。基本性物质投入是高校社团发展的关键因素。由于"红色社团"的特殊性，自己创收的机会可能性较低，社团活动经费的不足，严重影响了社团活动的质量和成效，因此校方须加大对社团经费的必要投入。例如，在学生思想政治活动经费支出中，可以设"红色社团"的专项，用于鼓励"红色社团"活动的有序开展。其次，拓宽宣传渠道，扩大社团的影响力。高职院校"红色社团"作为学生学习、传播先进理论的重要场所，不仅要抓好自身队伍的建设，同时也要积极服务于大学生群体，因此"红色社团"在发展的过程中，在传统重视宣传的观念的基础上，还需要拓宽宣传的方式与渠道。当前在信息化时代下，微信、微博等网络工具虽然已经成为思想政治教育的重要载体，但是传统的海报、宣传单等方式也不失一种低廉却有效的宣传方式。最后，创新活动载体，树立并完善"红色社团"的品牌形象。根据高职院校"红色社团"自身发展特点，要在活动内容、形式、社会实践等方面不断创新探索，打造出自己的品牌特色与服务意识，在品牌活动建设中做到"人无我有，人有我优"，提升社团活动的质量。只有这样，"红色社团"才能始终保持旺盛的生命力，实现可持续发展。

目前，高职院校的"红色社团"大多局限于某个二级学院内部，缺少院校之间的必要沟通交流渠道，这为"红色社团"的进一步发展造成了地域的限制，因此，在后续"红色社团"发展过程中，应加强高职院校之间的互相沟通、学习，扩大"红色社团"在高校内部以及校园之外的影响力。此外，可通过有效利用网络平台，创建网上社团，在此基础上，广泛征集学生的建议，开展生动有趣的社团活动，力争将政治理论学习与关注国家的形势政策及畅谈理想未来有机结合，在提高社团活动对学生思想政治教育功效的同时，增强高职院校"红色社团"之间的联系交流。

二、微媒体时代高职院校思政理论课教学内容整合

思想政治理论课教学是高职院校德育的重要组成部分，是对大学生进行马克思主义理论与思想政治教育的主渠道和主阵地，其在高职院校

素质教育中有着不可替代的地位，在培养中国特色社会主义事业接班人和建设者的工作中，具有重要的作用。中国特色社会主义现代化建设的实际需要，中国社会发展的实际需要，学生自身发展的实际需要都凸显了思想政治理论课教学的重要性。创新思想政治理论课教学方式方法，提高教学实效，一直是各院校探索的重要课题。随着微媒体的普及与发展，高职院校的思想政治理论课专题教学内容整合的优化也需要进一步顺应和结合微媒体时代的大背景。

（一）专题式思想政治课程教学模式的构建

一是专题式教学的概念。专题式教学，具体指的是在按照国家指定的高职院校在思想政治理论教育上的教学大纲所规定的基本要求下，高等职业院校按照课程内容的潜在核心思想进行教学内容上的整合后，所形成的一系列相互关系紧密却又相对独立的课堂教学模式。专题式教学模式，比起传统的教学模式具有更加明显的优越性，这些独特优势体现在如下两个方面。一方面，其在教学的内容的排布上与以往按授课内容的章、节、目排布的教案结构完全不同，取代的是结合学习对象的思想实际和广泛的社会实际两个角度出发来确立教学专题的设置和分布情况；另一方面，也从根本上改变了传统的某门课程由固定的一位教师进行讲授的课程设置方案，转变为针对不同的专题，可以请具有不同专长的教师轮流教学，这有利于充分发挥不同的任课教师在思想政治理论课题上的专业特长，使学生能够充分接触到不同学术背景下任课老师的教育。

二是专题式教学模式的构建。专题式教学模式在微媒体时代下能否依然保持成功的态势，首先就需要关注专题的设计和内容组织，这两方面是教学模式构建的核心内容。首先，在设计专题和内容组织时，任课老师必须根据实际情况，结合思想政治理论课的学科特点及授课对象的实际需求，重点把握好在思政课程内容设计的科学性和连贯性。具体来说，专题式教学模式中的每一个环节都至关重要，都与整个专题教学的效果密切相关，必须引起学者和授课老师的进一步认真对待。第一步是"选题"，要求授课老师对整个教学大纲和学生的培养目标等课程总领性内容进行熟悉后，积极通过微媒体工具来实现课程与社会现实的紧密联系，并以此优化授课内容；第二步是"择员"，就是要求高等职业院校在选择任课教师的时候要采取认真严肃的态度，结合思想政治理论课程的选题内容与备选任课教师的专业背景，来进行双向考察并最终确定最优人选；第三步是"定班"，就是要求高等职业院校在定班的时候将思想政治理论课程的专题内容、教师专业素养、培养对象的特点进行综合考虑的基础上，作出科学性的调整。以此发挥专题教学模型所具备的独特优势；第四步是"教学"，这个环节要求授课教师在备课时期就对课程内容进行精心的准备，并结合微媒体时代学生的思维模式、文化基础乃至于专业特点等不同的类型，采取最合适的教学方法，这既加强了对微媒体教学手段的使用，也发挥了传统教学模式的优势；第五步是"反馈"，就是要求老师在课后通过线上线下积极听取学生意见，特别是在所属的专题教学完成后通过微媒体技术来了解学生的学习体会；第六步是"完善"，这既是对前几个环节所暴露出来的漏洞所进行的修补，又是对下一个专题教育的经验借鉴。

（二）思政理论课专题教学整合措施

一是精心、科学地设计教学专题是关键。微媒体时代，高等职业院校要想取得思想政治理论课专题式教学的成功，其中的专题设计是重中之重。因此一个好的思想政治教育专题不仅要着重体现出教学的基本要求、重点以及难点，还要体现出教学的科学性、整体性、连贯性。所以每一位任课教师都要充分利用微媒体时代所带来的技术便利，搞懂所涉及的教学要求和教材内容，并在不同的专题侧重点之间有所选取。同时，由于授课的主体是来自不同思想政治教育专业的教师，所以必须要充分利用微媒体时代所带来的沟通便利，来加强各个老师之间的联系，保证不同专题之间的衔接连贯、一致。最后，高等职业院校在思想政治理论课课程之初，可以在每学期的课程开课之前，设置一节"总论"课程并且通过微媒体的形式发给学生以便他们对课程有一个大体的把握和预习，为后来正式上课的专题教学模式作铺垫。

二是坚持"有所为，有所不为"的基本原则。微媒体时代的变化，在传统的专题式教学中所暴露出来的，即任课教师对思想政治理论课程的讲授重点不突出。而现在采取了微媒体技术后，老师对教学内容的讲授有所选择，有所侧重，特别是对一些掌握难度较小的知识点，老师在课堂上就当成作业，并且通过微媒体工具布置给学生，让学生通过积极的课前预习和课后自学的形式加以完成。基于此，微媒体时代的到来改变了原有的以传授具体理论知识为中心的教学模式，并且最终构建起了结合传授具体的思政知识和进行思想政治教育这二者的教学模式，把学生的理论知识培养与具体能力、信念的培养摆在同一高度上进行，并且最大限度地实现高等职业院校开展思想政治理论课的核心任务：教会学生做学问和做人。

三是正确处理好教师主导性与学生主体性的关系。在传统的专题式教学中，往往会出现教师容易受学生偏好影响的教学弊端，即学生喜欢听什么，老师在上课就着重讲什么，这造成了学生所获得知识的不全面，也从根本上违背了思想政治教育的教学目的和宗旨。随着微媒体时代的到来，授课教师要积极地通过网络调查来深入了解教学对象的学习偏好，这充分保证了在专题式教学的过程中，教师能够将学生不喜欢的但又必须掌握的关键理论传输到位，这也是教师在专题式教学中所发挥的主导性作用的体现。在专题教学中，教师还要利用微媒体时代所带来的信息便利，鼓励学生对社会热点、国家时事进行关注，尊重学生在思想政治学习中的主体地位，并以此来充分地调动学生面对学习的积极性和主动性，激发学生自身的学习动力，并提高教学的效果和作用。

第六章　未来高校思想政治教育
理论体系建设展望

党的十九大报告指出:"广泛开展理想信念教育,深化中国特色社会主义和中国梦宣传教育,弘扬民族精神和时代精神,加强爱国主义、集体主义、社会主义教育,引导人们树立正确的历史观、民族观、国家观、文化观。"在校大学生作为未来社会主义建设的接班人,其思想综合素质的高低、政治意识形态是否牢固,对于国家各项事业部署发展与个人工作岗位需要至关重要。特别是当前国际形势风云变幻、各种错误观点纷繁复杂,加强包括大学生在内的青年一代的思想政治教育具有突出的实际意义。

第一节　大数据时代下高校思想政治教育的
创新路径

进入 21 世纪以来,特别是近 10 年来,以移动互联、大数据、云计算、人工智能等一系列为典型代表的新一轮信息技术蓬勃发展,并全面衔接各行业现有运营模式,人类社会真是进入一个以数据驱动为核心的知识经济时代。根据中国互联网络信息中心（CNNIC）第 44 次《中国互联网络发展状况统计报告》调查显示，截至 2019 年 6 月 30 日，我国网民规模达 8.54 亿，互联网普及率达 61.2%，我国手机网民规模达 8.47 亿，网民使用手机上网的比例达 99.1%；从年龄分布来看，10 ～ 19 岁、20 ～ 29 岁、30 ～ 39 岁、40 ～ 49 岁以及 50 岁以上的网民群体比例分别为 17.5%、24.6 %、23.5%、15.6% 和 13.6%。基于移动式通信技术以及即时互联平台的深度发展与推广普及，为海量数据的生产、加工、传播与再生产等整个信息传输过程的高速、高效与高覆盖提供了可能；同时，多样化、混合式数据形式与传播模式在以"价值"为核心驱动力的大数据运转过程中，实现了数据传递的个性化与智能化。

高等学府作为引领科技变革与文化传播的前沿阵地，身负为推动国家战略实施提供智力保障与培养各行业建设者的时代使命，在提升大学生思想政治素质与综合专业能力等方面发挥着关键性作用。在大数据时代背景下，信息传播在多重媒介高度融合的传播模式下发生"爆炸式"增长，大学生的思想变动深受网络信息的影响，高校思想政治教育工作面临新的挑战。面对如此覆盖度广、时效性强的"信息海洋"，如何引导大学生积极、乐观、富有正能量的"健康信息"，培育与树立正确的人生信念与政治意识，践行社会主义核心价值观，为个人、家庭、国家及其民族作出自己的贡献，将是新时期下高校思政教育工作的中心环节。因此，深入探讨与解析大数据时代下高校思想政治教育的创新实践途径，不仅对于贯彻国家关于加强思想道德建设、坚定文化自信、推动社会主义文化繁荣兴盛具有重要意义，也有助于促进当前高校思想政治教育整体理论水平与实践应用的全面提升。有鉴于此，基于上述基本需求，针对当前大数据冲击下大学生思想政治教育所呈现的新特征、新需求与新方向，本文展开对大学生的思想政治教育的创新发展模式与实践途径的探究，以期为当前高校思想政治教育工作稳步推进与深入发展提供有力的支撑。

一、大数据时代下高校思想政治教育的基本现状

（一）"大数据"基本内涵、发展趋势与时代意义

进入 21 世纪以来，基于云计算等新型网络信息空间技术为研发形成的以博客、社交网络、实时定位服务等为典型代表的新一轮信息技术变革的加剧与普及，数据正以前所未有的速度、规模快速增加与积累，人类社会至此进入大数据时代。为了与"海量数据""大规模数据"等传统概念进行有效区分，不同行业以及研究团队对"大数据"这个概念的认识目前尚未统一，其中被广泛采用且具有一定的代表性是基于"4V"特征的定义，认为"构成大数据定义的本质属性需要具有海量的数据集合（volume）、超高速的数据传输（velocity）、数据类型的多样性（variety）以及数据所带来的巨大价值（value）"。

早在 2008 年，《Nature》期刊编辑部就正式推出 Big data 专刊，用于探究大数据经济学、超级计算与数据处理技术等，应对科学研究所带来的机遇与挑战；随后的 2011 年 2 月《Science》也推出专栏"Dealing with Data"，就大数据理论研究过程中存在的一系列重大争议性议题进行了探讨，指出大数据对未来科学研究与大众生活的重要意义。麦肯锡公司在 2011 年 6 月率先发布了题为"*Big data：The next frontier for innovation, competition, and productivity*"的大数据行业报告，对大数据的现实影响、技术攻关与应用领域展开了详细的讨论。近年来，在达沃斯世界经济论坛、世界互联网大会等重要会议上，大数据频频成为人们关注的焦点，并在日常生活中展示出越来越强大的作用，特别是从数据库到大数据的结构转变，为大数据行业发展、产业技术与应用范围提供了基础保障。因此，结合当前大数据产业发展趋势与最近研究进展，发展大数据的战略意义在于以下几点：一是进一步有效捍卫我国网络

空间信息安全、维护社会稳定，推进社会与经济可持续发展；二是深入推动关乎国民经济核心产业信息化转型、升级，让知识创新造福人民生活；三是培育新兴的数据服务、数据制药等重大战略性产业，实现创新型国家建设的最终目标。

（二）大数据时代下高校思想政治教育研究进展

在中国知网文献数据库（CNKI）按照以下模式检索：检索项设为"主题"，检索词设为"思想政治教育"包含"大数据"，检索时间为"不限"，匹配模式为"精确"，文献类型为"期刊"，文献来源为"CSSCI"，共计检索得出相关论文 182 篇，首篇为中央财经大学胡树祥教授和谢玉进教授在 2013 年发表于《思想教育研究》第 6 期的名为"大数据时代的网络思想政治教育"的论文；2015—2019 年，该领域的较高质量学术论文数量明显增加，年均发表篇数为 35.2 篇，研究内容主要包括大数据下高校思想政治教育理论体系构建、实践经验总结、相关学术研讨会报告与重点专著书评等。曹银忠和邹琴基于在校大学生思想政治教育的三大基本特征：学生思想行为的波动性、教师教学的网络化以及学生数据的价值性，提出应用大数据相关技术监测学生学习生活状况、制定个性化教学方案的思政教育创新模式与方法。王学俭和王瑞芳基于大数据的基本特征，探讨大数据发展应用对当前思想政治教育的深远影响，提出从强化数据应用、改善思政教学内容等方式开展创新探索，促进高校思想政治教育工作发展。钱云光等以推动大数据技术与高校思想政治教育融合为出发点，提出树立大数据理念，加强网络信息管理；建立数据分析平台，把握大学生思想动态和行为规律；组建大数据分析等创新性措施。上述研究对于大数据时代下大学生思想政治教育的创新思路与创新路径提供了全新视野与解决方案，对高校思政教育工作的稳步推进具有重要意义。

（三）大数据下思想政治教育所面临的困境

　　未来学家格雷·斯科特在总结世界科学发展史时指出，人类社会正从经验科学时代的经验研究范式、理论科学时代的理论研究范式、计算科学时代的模拟研究范式逐步过渡到基于数据密集计算驱动的大数据研究范式，即"第四研究范式"。就教育领域而言，在大数据思维理念、研究方法以及技术手段的驱动下，参与教学过程的主体（教师与学习者）、教学模式、考核方式以及课程设置、教材使用等各个方面发生了根本性变化。基于传统课堂模式下的整套教学体系正不断重构、整合，在大数据背景下为建立全新的教学生态系统提供了可能。就思想政治教育而言，传统意义上的教学模式沿用"教师讲述＋学生接受"的基本范式，导致学习者参与度不高，学习兴趣低迷，学习动机基础上处于应对考试考核与完成学分的状态，导致思想教育工作的难度颇高且教学成效不明显的尴尬境地。通过大数据技术的应用，旨在快速建立基于学生个人基本信息、在校学习活动状况以及网络社交平台资料的思想政治素质综合数据库，可为后期高校思政教育实施计划、学生个性化学习方案提供重要的决策支持与数据支撑，提升大学生思想政治教育的时效性与科学性，从本质上实现全面管理、因人施策的教学目标。

　　尽管大数据的来临在高校思想政治教育工作方面展现出巨大优势，为提升大学生思想道德建设、巩固政治意识形态以及践行社会主义核心价值观提供了全新方案，但是大数据作为近几年来所涌现的新兴事物，发展时间尚浅，与之伴随形成的大众心理认知方式、思维观念以及相应伦理法律则还未构建成熟，在目前各行业运用过程中也表现出一系列问题，如在商业环境的熏陶下过度追求泛娱乐化，国家和民族意识的淡漠化，一些扭曲甚至错误的西方思潮、价值取向势必导致大学生陷入所谓的"价值漩涡",这不但会对青年学生的思想行为与政治修养造成严重影响,而且还有可能使其在个人成长过程中误入歧途;另外,良莠不齐的信息传播很有可能使其对信息的真伪、意义的辨识造成一定程度的混乱与困难。

当前时期内大学生的主体多为"00后",其个人成长环境、教学背景、个性特点、思维方式等诸多特征已与"80后"和"90后"等群体发生了明显的变化,尤其深受网络环境与社会环境的多重影响。面对西方意识形态、社会风气以及价值追求的侵袭,当前大学生群体呈现出更加多样化的趋势,这极大地增加了高校思政教育者的教学难度。另外,随着教育观念的转变与教学方式改革的不断深入,教学者的角色也正在发生根本性变化,遵循"建构主义教学论"的现代教学手段对教师提出了更高标准,培养学生参与意识与自主学习能力成为重要内容。为此,在隐性因素和显性因素的多重作用下,要求高校思政教学者在具备现代、创新的教学思维的同时,综合业务能力的掌握与运用更是必不可少。然而,由于目前高校思政教育者的主要从业对象为思政相关课程的专职教师、研究人员以及辅导员等相关负责学生事务的管理人员,多为文科类学习工作背景,其计算机相关基础、大数据运用技能等方面可能存在一些不足;心理层面和技术环节上,这些都对高校思政教育者造成极大的挑战,严重制约着大数据技术在高校思想政治教育的应用实践效果。

作为年轻一代的大学生群体,同时也是国家发展的人才保障,其正处于人生成长、成才的黄金阶段,其思维模式、心理素质、价值观念及其政治、法律意识正逐渐趋于定型与成熟,外界环境的干扰以及个人因素的影响,对其个体发展乃至未来家庭建立至关重要。为此,强化对大学生的思想政治教育,有助于引导其树立正确的人生信念与政治意识,为个人、家庭、国家及其民族作出自己的贡献。就实际情况而言,当前大学生在网络环境的诱导下，呈现出主体意识和个人主张愈发鲜明、乐于表达自我、自主学习意识及模式日趋主流等群体特征，还面临着性压抑、逆反心理、情感波动明显以及社会参与度较低等突出问题，其思想行为与政治意识亟待加以正确引导与升华。可以简要概括为大数据背景下大学生意识形态安全问题逐渐被网络环境而扩大化，构成困扰高校思想政治教育工作的主要问题。可以说，大数据对于处于青年时代的大学生而言，更像是一把"双刃剑"，如何有选择性地运用相关资源、数据以及技术促进大学生思想政治意识形态的健全与改善，同时有效规避因不良信息而造成的损失是当前高校思政教育工作者亟待解决的重大难题之一。

处于大数据环境下的每位用户，作为网络化数据传播的节点，在完成了整个信息生态系统的创建的同时，每位成员也被"暴露"在整个网络空间之下，个人成长轨迹、教育背景、家庭组成等个人隐私信息可实现他人迅速查阅、转载及评价等，可以说人们都生活在通过信息互联的方式所编织的巨大的幕布之中，导致个人隐私安全正逐渐面临着严重威胁。近些年来，关于个人信息泄露的相关报道屡见不鲜，呈日益严重化趋势，特别是上述情况的出现为个别出于商业目的等不良企图的犯罪分子所利用，导致社会化群体情绪的爆发，引发网络暴力，将对受害者造成难以预估的伤害。因此，国家相关部门近年来高度重视网络谣言打击力度与处理强度，保护用户个人隐私。

此外，大数据技术迅速发展对高校思想政治教育工作还面临着如何筛选与处理海量数据中所存在不良思想政治导向信息，改进与完善思想政治教育模式与方法的具体实施方案等多重挑战，大数据下高校关于思想政治教育的实践途径的积极探索、敢于创新对于在一定程度上解决与缓解上述困境有一定的作用。

二、大数据下当代高校思想政治教育的创新探索

（一）第四研究范式的思政教学观念的转变

大数据思潮的兴起对高校思想政治教育的教学主体、教学程序、教学材料、课程设置、考核方式等整个教育生态系统构成了结构性变化。进一步概括为传统的教学方式与教学生态秩序受到冲击与解构，而新型教学范式与整个教学生态系统亟待重构。因此，重构其思维模式是探究思想政治教育创新实践与应用的基本前提。大数据时代的思想政治教育的主要教学对象（"00后"逐渐成为高校学生的主流群体）、教学环境（数字化教学设备及技术普遍应用）以及教学要素（材料、媒介与方法等日益信息化）都发生了显著性改变，导致教学过程中教师与学生长期所适应、定型的角色出现了转换，从而引起教学内容、形式、组织等各环节呈现出新特征。从思维方式来看，对高校思政教学工作者而言，适应新时期政治思想教育的学科发展规律与高校教育领域创新改革的总体要求，转变自身角色、重新定位，认真践行以培养学生、提升其教学质量为首要准则。就思想政治教育学习者而言，需树立自主学习、个性学习基本意识，培养爱国主义、家国情怀以及政治意识形态的核心价值取向。基于大数据应用逻辑的思政教育方面的课程设置，强调教师与学生之间、学生与学生之间、课外与课堂之间乃至线上与线下之间的高度融合、互动，并以此实现对学生群体的差异化、数据化管理，摆脱消极懈怠心理。

（二）运用大数据技术的思想政治教学环节设置

通过运用与优化微课、私课、慕课等在线教学资源、基于翻转课堂以及先进多媒体教学技术手段，依据翻译课程基本特征，结合当前教学对象的新特征、新趋势、新需求、新观念、新技术以及新常态，将大

数据思维方式和相关技术手段融合于思想政治教育的教学目标、课程设计、考核评估方式等各环节，整合、完善课程线下与线上各环节所占教学时长比例，充分利用网络环境中各类丰富的教学资料与现有教学理念，实现对学生混合式学习思维与能力培养的大数据下新时期思政教育建构。另外，在数据创新的驱动下，高校思想政治教育者角色已然发生实质性转变，课程教学与组织方式发生重要变化，因此可以利用更多的时间，用于对学生思想行为的实践教学管理，制定数据化的个性化教育方案，以提升学生思想政治综合素质。

（三）大数据支持下思政教学管理评估的信息化建设

当前大多数高校的教学管理与考核评估工作仍采用传统方式，信息化水平较低，对学生的学习状况、教学者的教学情况以及相关教学考核环境缺乏及时更新与有效管理。通过强化高校教学与管理信息化建设，运用大数据管理技术手段，及时查询、更新教学数据，运用 SPSS、R语言等数据处理软件，实现对教学者课程教学质量与学习者学习状况的及时、准确获取，有助于学生思想政治素养的数据化管理。在对学生学习成效的评估方面，运用有关现代教育技术，摒弃传统以考试作答为主的评价方式，通过课前学生准备阶段自主学习能力、课间参与状况、课后学习任务完成情况以及线上综合学习时长等多种评价方式相结合，积极探索学生线上、线下互动评价、设计调查问卷参评等多元评价体系进行构建，客观、综合评价学生的思想道德、政治素养整体状况。此外，对于大数据时代下的思政教学者而言，在提高专业综合能力之余，还需要积极引导学生对学习过程中新兴信息技术的使用与掌握。因此，教师应加强自身对教学过程中信息化技术与设备的应用能力培养，明晰各类教学辅助软件、平台及其信息管理系统的基本特点与主要用途，指导学生对上述信息化资源的自主学习，以期提升学生运用大数据技术提升思想政治水平的能力。

总之，在大数据时代下，高校思想政治教育的现有教学观念、教学方法甚至整个教学生态系统发生根本性变化，对于教学主体而言，既面临着发展机遇，也充满严重挑战，通过转变思想政治教学观念、优化教学环节设置以及完善后续信息系统建设等一系列举措，应对以大数据等为典型代表的新一轮信息技术发展趋势，促进大数据研究范式与高校思政教育的深度融合，以实现数据驱动下高校思想政治教育的研究与实践创新。

第二节　融媒体下传统文化在思想政治教育中的应用

一、传统文化在高校思想政治教育中的重要意义

近年来，习近平总书记就当前中国传统文化的创新性发展发表了一系列重要讲话，提出"中华传统文化，特别是优秀传统文化，是中华民族的精神命脉，是涵养社会主义核心价值观的重要源泉"，系统全面阐述了中国传统文化的时代价值与教育意义。党的十九大报告进一步指出："深入挖掘中华优秀传统文化蕴含的思想观念、人文精神、道德规范，结合时代要求继承创新，让中华文化展现出永久魅力和时代风采"，为新时期下中国特色社会主义核心价值观的培育与实践提供新的方向与视野。顾名思义，中国传统文化，是专指"中国几千年文明发展史在特定的自然环境、经济形式、政治结构、意识形态的作用下形成、积累和流传下来，并且至今仍在影响当代文化的'活'的中国古代文化；就存在形式而言，不仅以经典文献、传世物品等显性客体形式存在和延

续，而且广泛地以民族的思维方式、价值观念、伦理道德、性格特征、审美趣味、知识结构、行为规范、风尚习俗等隐性主体形式存在和延续……"① 因此，中国优秀传统文化为当下思想政治教育提供了丰富的理论指导与实践案例，进一步梳理、挖掘中国优秀传统文化的核心内涵，提炼与升华其精神实质，不仅有助于帮助新时期大学生对中国文化产生心理认同，增进文化自信，而且对于推动大学生思想政治教育、培养社会主义事业接班人具有重要意义。

随着全球化进程的不断推进，以移动互联、大数据、云计算、人工智能等为代表的新一代信息技术兴起与变革为多元化、多媒介的信息传播创造了可能，基于多元媒介高度融合的以互联网为载体的数字化媒体技术应运而生，"融媒体"时代正逐步走进大众群体的生活，特别是朝气蓬勃、思维超前的在校大学生对以自媒体为代表的媒体融合模式的认可与青睐更是不争的事实。同时，尽管当前我国大学生思想政治总体风貌表现良好，但是由于外来不良风气侵袭、敦促教育不够及时以及学生意识不够深入等多方面因素的影响，我国大学生思想政治教育亟待加强。此外，国务院、教育部等相关部门屡次对大学生思想政治教育作出重要批示，也意味着高校思想政治教育在国家战略布局的重要意义。

二、融媒体时代当代大学生思想政治教学的实践

（一）"融媒体"的基本概念、发展历程以及研究现状

随着互联网络技术与网民规模的日益增长，基于个人用户的数字化社交平台迅速崛起。例如国外的 Facebook、Instagram、Twitter、WhatsApp 等以及国内的微信、微博、QQ、钉钉等个人社交 App 的兴起

---

① 顾冠华. 中国传统文化论略 [J]. 扬州大学学报（社科版），1996（6）.

与发展，文字、图像、音频、视频等各类媒介的传播速度、影响范围以及所涉及的用户群体较传统传播模式具有明显的提升。在此背景下，基于多元媒介融合的创新与发展，"融媒体技术"逐渐得到社会的广泛认可，正成为诸多领域应对产业壁垒，实现转型与创新发展的重要措施。

就融媒体的研究进展而言，其概念是近年来国内相关学者及从业人士根据国内外传媒发展趋势，基于"微媒体""自媒体""多媒体""全媒体"等相关概念不断加以归纳总结而提出的，与"媒体融合"的概念基本一致，目前研究领域对其概念的认识与理解尚未达成共识。根据国家新闻出版广电总局发布的《电视台融合媒体平台建设技术白皮书》中的观点，融媒体是指"全媒体功能、传播手段乃至组织结构等核心要素的结合、汇聚和融合，是信息传输渠道多元化下的新型运作模式。"笔者通过中国知网文献数据库（CNKI）按照以下模式检索：检索项"篇名"，检索词"融媒体"，检索时间"2009—2019 年"，匹配模式为"精确"，文献类型为"期刊"，文献来源为"CSSCI"，共计检索得出相关论文 415 篇，国内首篇 CSSCI 类论文为周岩和戴琳合著，于 2009 年发表在《新闻界》的"融媒体时代的新闻学教学探析"；近 5 年来研究论文数量明显增加，2019 年度增至 202 篇，研究重点聚焦于"融媒体"语境下传统媒体行业的转型实践探索、高校传媒教育的突围与创新以及从业人员职业能力提升等方面。

（二）融媒体时代下大学生思想政治教育现状之管窥

随着网络化数字信息技术的蓬勃发展，导致网民数量，特别是包括大学生在内的广大青年群体的人数逐年攀升，间接促进了以微媒体为代表的融媒体相关技术与产业的繁荣。融媒体时代下，基于个人社交关系的新兴媒体平台与多元传播媒介凭借时效性强、覆盖面广、双向互动、使用便捷的技术优势以迅雷之势席卷大学校园。在互联网的发展浪潮中，不仅为知识、文化、艺术、工程技术等"人类群体智慧的精华"的传播交流提供了快捷的载体，同时也充斥着大量的负面情绪、个人主义以及金钱本位等扭曲、错误的价值取向，势必对在校大学生这一特殊群体的思想道德、政治素养以及人生态度造成严重的冲击。大学生作为未来人才储备的重要保障，正处于人生的黄金阶段，其思维、心理、价值观念及其公民意识正逐渐趋于定型与成熟，外界环境的影响以及自身因素的调节，对其个体发展至关重要。为此，强化对大学生的思想政治教育，有助于引导其树立正确的人生信念与政治意识、践行社会主义核心价值观，为个人、家庭、国家及其民族作出自己的贡献。加之目前我国高校在思想政治教育领域仍存在一些长期难以有效解决的"沉疴难疾"，通过融合传统文化中经典理论与教学方法等，借助融媒体等新兴传媒技术，对于改善当前我国大学生思想道德素质与巩固政治意识形态非常必要。

第一，改善思想政治教学传播的时效性。随着 5G 等新一代信息技术商业化应用的推进，信息资讯在移动互联平台的传播速度大幅提高，世界热点新闻近在咫尺。教学者、管理者以及媒体工作者可以在各融媒体平台上及时发布重要消息，可以使学习者突破时空、教学场地与教学设施的限制，充分运用学生日常生活中的"空闲时段"完成学习，寓教于乐，提高学习效率。例如通过网络授课的模式进行课程学习，在一定程度上降低了因学校封闭而造成的困扰，提高了教学的实效性与及时性。

第二，促进思政教学过程中主体角色的置换。在传统课堂教学过程中，教师作为"传道授业解惑"的践行者、决策者以及绝对权威者，长期处于主体地位，而学习者则充当参与者、接受者及其被教育者的角色，丧失了建立师生互动机制的可能，导致直接的后果便是学生对于教师所讲授的理论知识产生了"距离感"，学习兴趣不高、学习效果成效甚微。然而，在融媒体环境下，教学主体间的角色发生了置换，学习者的参与度空前提升，教师则逐渐演变为教学活动组织者、协助者以及提供建议者。因而，学生更愿意在这样的语境下积极参与教学流程，真正达到了开辟、拓展思想政治教育"第二课堂"的目的。

第三，拓展思想政治教育的素材与载体。正如前面所述，课堂教学环境下高校思想政治教育的主要途径是通过教材配置—教师讲解—学生"填鸭式"接受所学知识点等环节来实现，这与学习者在小学、初中以及高中阶段的学习模式并无不同之处，容易产生"心理疲劳"，因而导致学习者的知识内化效果较差。然而，在融媒体环境下，随着微信、微博等社交传播载体的功能不断完善，逐渐展现出多媒体传播的强大优势，通过"表情包""颜文字""短视频"等多样化、个性化、生活化的素材，增进关于对大学生思想政治教育富有时代表现力与表现特色的适当加工，可提高学习者对于大学思政课程的兴趣与学习效果。

第四，提升大学生思想政治教育成效。融媒体环境中每位用户作为信息传递的节点，完成了网络空间下海量化数据系统的构建；同时，个人的信息资料、价值观念、思想准则以及政治信仰等极易为他人所查阅、转载，因而人们生活在用网络技术等手段所编织的巨大的幕布之下，接受他人评价，并参与评价他人。因此，高校思想德育教学工作者可以通过学生个人社交平台所记录的思想动态、生活状态以及心理波动，迅速采取相应教育措施，发现相关问题及时补救，发现先进事迹及时表扬，大幅提升对大学生思想政治教育的成效。

尽管通过融媒体平台开展大学生思想政治教育的创新性实践具有巨大的技术优势与广阔的发展前景，但是由于该传媒方式兴起时间尚短，作为新生事物仍表现出诸多弊端，如过度追求娱乐化、商业化的价值取向导致大学生极易陷入所谓的"扭曲价值陷阱"，不仅不利于其形成健康的思想政治意识，而且还可能滑入错误的道德深渊，过载的信息传输尽管在内容上、形式上丰富了学习者的视野，但是对自我成长有价值的甄别与运用却并非易事；从另一方面来说，思想政治教育具有明确的意识形态区别，属于严谨的学院派风范，一定程度的寓教于乐的确对学习者的接受与增强教学效果大有裨益，但是过度的商业化与低俗化势必与其学科特征及教育初衷相违背。因此，有必要适当引入中华优秀传统文化中的关于思想道德、家国情怀、政治操守等方面的经典成分，以促进融媒体时代大学生思想道德教育的"提质增效"。

三、"融媒体"下中华优秀传统文化对思政教育的启示

（一）中华优秀传统文化的典型特征以及时代价值彰显

中国文化作为世界唯一未曾断裂的文化体系，沉淀并焕发着中华文明最为璀璨的智慧结晶与最为珍视的精神追求，是中华民族绵亘数千年来所独有的思维模式、群体心理、人伦道德、价值取向等特质的总体表达。在其漫长的发展过程中，中国传统文化主体呈现出儒、道互补互鉴为主导，以墨家、法家等诸子百家为羽翼的结构特征；从核心内容来看，儒家文化、道家文化对中国的政治、伦理、价值观念、心理结构、生活习俗、思维方式、行为模式、道德规范、人生理想、哲学、宗教、文学、艺术等，都处于支配地位，起主导作用。鉴于此，本文对中华优秀传统文化的探讨范畴仅包括儒家文化和道家文化。参照张岱年先生的论述，中国传统文化表现出如下三方面显著特征。

第一，天人合一的自然观。道家认为天是万物之母，"道生一，一生二，二生三，三生万物"是先于万物即存在的"理"，即"天理"；强调"万物同源"的观念，因而对于个人要求而言，遵循"人法地，地法天，天法道，道法自然"的原则，实则维护"物我一体"，因此，天道合一、天理合一与天人合一达到了统一，即"万物归一"。以此观之，中

华优秀传统文化主张与人和善、与万物和存、与自然和谐的朴素辩证思想，通过观人、观物、观自然便是观自我、观本心，体现了高度的东方智慧。

第二，求真求善的道德观。在中华优秀传统文化体系中，对真理与至善的追求成为国人道德品质的重要体现，自我内化、修身养性成为实现求真、求善的重要途径。相较于西方文化所表现出的外向型特征，中国传统文化更为重视对宏观智慧的总结与阐述过程，而非具体知识理论的发现与教学环节，通过个人修为、思索感悟以及体验体会等方式，最终达到儒家文化中所追求的"格物以致知"的崇高境界，同时在这一过程中不断提升自己的道德观念、品格操守与社会化责任。

第三，知行合一的实践观。中华优秀传统文化对知行合一的重视与推崇，在儒、道两家的思想体系中均有体现。无论是前文所述"穷就天地之理"，还是"信守真善之道"，其过程都离不开实践，因此中华优秀传统文化强调"理论从实际出发，通过不断反省、融会贯通于自我内心世界与外界事物，达到知行合一"。古代先哲不仅局限于对知识理论的认知与学习，更加重视实现知与行的高度统一，从内心世界而言，达到心性平和、超脱自我，从外物环境来说，追求物我一体、明理求真。

当前大学生思想政治教育环节亟待创新性实践探索，不断更新教学观念、拓展教学方法、挖掘富有时代魅力的教学材料，而中华优秀传统文化正是为其提供丰富教学资源的"备份资料库"，从学生思想道德建设、政治意识构建、爱国情感培育以及法律思维树立等多个维度的思想道德教学目标与内容都能寻取具有重要教育意义的资源。党的十九大报告强调："……培育和践行社会主义核心价值观，不断增强意识形态领域主导权和话语权，推动中华优秀传统文化创造性转化、创新性发展……"为高校思想政治教育工作指明了方向。对在校大学生而言，这亦是党和国家对青年一代的殷切期盼，中华民族伟大复兴，绝不是轻轻松松、敲锣打鼓就能实现的，需要一代又一代的有志青年接续不断地奋斗，特别是近年来国际形势变幻莫测，国内正处于战略转型的关键期，在此背景下强化对大学生思想政治教育具有突出意义。基于此，以中华优秀传统文化为丰富资源引导当代大学生用辩证、历史的思维模式去看待当前重大现实问题，再度审视自身成长、成才过程中世界观、人生观、价值观是否发生偏离，始终不忘初心、不忘本心，在国家发展进程中实现自我的人生理想。这就是中华优秀传统文化对于当代大学生思想政治教育所彰显的重要价值。

（二）中华优秀传统文化对当前思政教育的积极影响

第一，提高大学生思想道德素质。以儒家文化为代表的中华优秀传统文化高度注重伦理关系、社会心理的培养，这为当代大学生个人思想品德的提升提供了丰富的学习资源。例如"自强不息"的积极入世精神、"厚德载物"的兼容并包之道、"仁心爱人"的为他人服务的态度、"天下为公"的无私奉献的理想追求，等等，这些优秀的传统文化要素，对于完善当代大学生思想品格、陶冶高尚情操、树立理想人格等多方面的思想道德素质建设具有重要指导价值。

第二，增进大学生爱国主义情感。中华民族沉淀厚重的发展史，蕴含着大量的爱国主义、集体主义优秀因子。爱国主义作为中华民族至关重要的精神追求和精神支柱，特别是在国家面临危难之际，发挥着关键性作用。通过对中华优秀传统文化中丰富的、多样化的爱国主义教育，特别是红色文化资源的挖掘与开发等，均能增进大学生爱国主义教育，使之不忘初心、铭记历史，树立崇高远大的人生理想而不懈奋斗。

第三，提升大学生人文素养。底蕴深厚的中华优秀传统文化有利于提升当代大学生的知识结构、文化水平、思想观念、道德修养、意志品质等多重人文涵养与人格魅力。我国的经济社会面貌发生了巨大的转变，物质财富得以快速增长的同时，人文素养却面临一定的下滑危险，导致传统的伦理道德观念、基本价值趋向日渐式微，对培育与践行社会主义核心价值观造成非常不利的影响。为此，通过创新性吸收国学经典，"推陈出新，有鉴别地加以对待，有扬弃地予以继承，努力用中华民族创造的一切精神财富来以文化人、以文育人"是当前提高大学生人文素养行之有效的重要办法。

（三）融媒体环境下中华优秀传统文化在思想政治教学实践

众所周知，随着融媒体时代的加速来临，当代大学生的个体意识、参与意识与竞争意识进入大学校园，与青年一代的心理状况及价值观念相吻合，促进了其思想行为的转变，给高校思想政治教育带来机遇的同时，也带来了不小的挑战。因此，在多元文化碰撞、网络信息繁杂以及监管不够到位等综合因素影响下，融媒体时代思想政治教育工作更应注重观念创新、方式创新以及内容创新等多种综合教学模式的实践与应用。通过"传承与创新结合""理论与实践结合""内容与形式结合"以及"线上与线下融合"，实现中华优秀传统文化与当代大学生思想政治教育的高度融合，拓展教育传播渠道，培育思政教育的"第二课堂"，突出传统文化的时效性与教育意义，以此实现大学生思想政治教育的整合创新。

总之，在媒体高度融合的信息化时代，大学生思想政治教育不断涌现新的观念、方法与组织形式等，但也充满挑战，通过创新式吸收中华优秀传统文化成分，合理加以运用，对促进大学生对思想道德行为与政治意识形态具有重要意义与积极影响。在"中国传统文化资源＋融媒体技术"的创新模式下，大学生思政教育工作有望实现整合创新与"提质增效"。

参考文献

[1] 高平叔.蔡元培全集：第 4 卷 [M].北京：中华书局，1984：177.

[2] 马克思，恩格斯.马克思恩格斯全集：第 1 卷 [M].中共中央马克思恩格斯列宁斯大林著作编译局，译.北京：人民出版社，1972：18.

[3] 许纪霖，陈达凯.中国现代化史：第 1 卷 1800—1949[M].上海：学林出版社，2006.

[4] 舒新城.近代中国教育史料·补编 [M].北京：中国人民大学出版社，2012：23-27.

[5] 宋恩荣，章咸.中华民国教育法规选编：修订版 [M].南京：江苏教育出版社，2005：65-67，401-424.

[6] 璩鑫圭，唐良言.中国近代教育史资料汇编：学制演变 [M].上海：上海教育出版社，2007：815.

[7] 李国钧，王炳照.中国教育制度通史：第 7 卷 [M].济南：山东教育出版社 1999：78.

[8] 李泽彧.不变与应变及其如何变：我国高等教育思想若干问题探要 [J].有色金属高教研究，1999（1）：40-43.

[9] 毛泽东.毛泽东选集：第 5 卷 [M].北京：人民出版社，1977.

[10] 中央教育科学研究所.中华人民共和国教育大事记：1949—1982 [M].北京：教育科学出版社，1984.

[11] 毛泽东.毛泽东选集：第 3 卷 [M].北京：人民出版社，1991.

[12] 毛泽东.毛泽东同志论教育工作 [M].北京：人民教育出版社，1958.

[13] 佚名.高等学校的教学改革应当稳步前进 [N].人民日报,1953-01-22（1）.

[14] 田正平.中国高等教育百年史论 [M].北京：人民教育出版社，2006：14.

[15] 宋伟.深刻理解"创建一流大学"理论的丰富内涵 [J].黑龙江高教研究，2003（2）：16-18.

[16] 中共中央文献研究室.毛泽东文集：第 7 卷 [M].北京：人民出版社，1999：228.

[17] 邓小平.邓小平文选：第二卷 [M].北京：人民出版社，1994：38-51，114-209，304-392.

[18] 江泽民.江泽民文选：第二卷 [M].北京：人民出版社，2006：1-43，361-362.

[19] 中共中央文献研究室.三中全会以来重要文献选编：上 [M].北京：人民出版社，1982：234，668.

[20] 邓小平.邓小平文选：第三卷 [M].北京：人民出版社，1993：39-63，110-206，318-369.

[21] 吕会霖.新世纪思想政治工作 [M].上海：上海人民出版社，2005：2.

[22] 中共中央文献研究室.十二大以来重要文献选编：上 [M].北京：人民出版社，1986：20-30，203.

[23] 中国人民解放军总政治部.建设有中国特色的社会主义重要文献选编 [M].北京：南方出版社，1993：507.

[24] 中共中央文献研究室.十七大以来重要文献选编：上 [M].北京：中央文献出版社，2009：9-27，796-814.

[25] 佚名中共中央文献研究室.十六大以来重要文献选编：下 [M].北京：中央文献出版社，2008：374-684.

[26] 中共中央文献研究室.十六大以来重要文献选编：上 [M].北京：中央文

献出版社，2005：364.

[27] 侯惠勤.马克思的意识形态批判与当代中国 [M].北京：中国社会科学出版社，2010：708.

[28] 中共中央文献研究室.十七大以来重要文献选编：中 [M].北京：中央文献出版社，2011：143-147.

[29] 中共中央文献研究室.十六大以来重要文献选编：中 [M].北京：中央文献出版社，2006：275-318，636.

[30] 中共中央文献研究室.江泽民论有中国特色社会主义（专题摘编）[M].北京：中央文献出版社，2002：19-46.

[31] 中共中央文献研究室.十四大以来重要文献选编：上册 [M].北京：中央文献出版社，1996：2-10，647-650.

[32] 中共中央文献研究室.十一届三中全会以来党的历次全国代表大会中央全会重要文件选编：下 [M].北京：中央文献出版社，1997：191.

[33] 江泽民.论党的建设 [M].北京：中央文献出版社，2001：224-332.

[34] 江泽民.江泽民文选：第三卷 [M].北京：人民出版社，2006：76-82，199，536.

[35] 江泽民.论"三个代表"[M].北京：中央文献出版社，2001：52-72.

[36] 中共中央文献研究室.十五大以来重要文献选编：中 [M].北京：中央文献出版社，2001：1331-1337.

[37] 江泽民.论社会主义精神文明建设 [M].北京：中央文献出版社，1997：76.

[38] 中共中央文献研究室.十四大以来重要文献选编：下 [M].北京：中央文献出版社，1999：2068.

[39] 盛邦和.内核与外缘——中日文化论 [M].上海：学林出版社，1988：7.

[40] 张德伟.日本教育特质的文化学研究 [M].长春：东北师范大学出版社，1999：6-7.

[41] 肯尼迪.未雨绸缪 为 21 世纪做准备 [M].北京：新华出版社，1994：142.

[42] 马克思，恩格斯．马克思恩格斯全集：第1卷[M].中共中央马克思恩格斯列宁斯大林著作编译局，译．北京：人民出版社，1972：255.

[43] 张汝伦．思考与批判[M].上海：上海三联书店，1999：505.

[44] 丁邦平．国外比较教育研究述评[J].外国教育动态，1991（1）：15–19.

[45] 徐辉．战后国际教育援助的影响、问题及趋势[J].外国教育研究，2000(1)：35–38.

[46] 丁钢．中国教育的国际研究[M].上海：上海教育出版社，1996：245.

[47] 美国联邦教育部．1998—2002年战略规划[J].教育参考资料，1999：23–24.

[48] 谢作栩．中国高等教育大众化发展道路的研究[D].厦门大学，2000：46.

[49] 美国参议院．参考院通过议案将佩尔奖学金的最高限额提到3000美元[J].国外高等教育快讯，1998（2）.

[50] 美国联邦教育部．21世纪的日本大学与今后的改革政策——个性在竞争环境中闪光[J].教育参考资料，1999：9–11.

[51] 翟葆奎．教育学文集日本教育改革[M].北京：人民教育出版社，1991：621–637.

[52] 日本大学审议会．21世纪的日本大学与今后的改革政策[J].教育参考资料，1999：9–11.

[53] 朱有瓛．中国近代学制史料第一辑：下册[M].上海：华东师范大学出版社，1986：503.

[54] 舒新城．中国近代教育史资料：上册[M].北京：人民教育出版社，1979：138–139.

[55] 杨东平．大学精神[M].沈阳：辽海出版社，2000：303–376.

[56] 周川，黄旭．百年之功——中国近代大学校长的教育家精神[M].福州：福建教育出版社，1994：142.

[57] 毛礼锐，沈灌群．中国教育通史：第六卷[M].济南：山东教育出版社，1989：178.

[58] 丁钢．中国教育的国际研究 [M].上海：上海教育出版社，1996：242-261.

[59] 国家教育发展研究中心 .2000 年中国教育绿皮书 [M].北京：教育科学出版社，2000：135.

[60] 教育部发展规划司统计信息处 .2000 年全国教育事业统计主要指标及简析 [J].教育发展研究，2001（3）：7.

[61] 未然．社会力量办学：明天会更好 [N].中国教育报，2000-3-6（4）.

[62] 方遇顺．加强大学生的文化素养和科学素养 [J].教育发展研究，1982（1）：69-73.

[63] 顾明远．素质教育与师范教育 [J].高等师范教育研究，1997（3）：3-6.

[64] 谈松华．变革与创新：走向 21 世纪的中国高等教育 [J].高等教育研究，1998（3）：16-22.

[65] 潘懋元．关于民办高等教育体制的探讨 [J].教育发展研究，1988（3）：35-40.

[66] 特罗．从精英向大众高等教育转变中的问题 [J].外国高等教育资料，1999（1）.

[67] 纪宝成．关于"高等教育毛入学率"问题 [J].中国教育报，1999-1-16（4）.

[68] 教育部 .2019 年中国进入高等教育普及阶段 [J].云南教育（视界综合版），2016（5）：3.

[69] 潘懋元．潘懋元论高等教育 [M].福州：福建教育出版社，2007：378-393.

[70] 史朝．对我国高等教育大众化的探讨 [J].高等教育研究，1999，20（1）：39-43.

[71] 王修娥．高等教育大众化简析 [J].建材高教理论与实践，2000，19（4）：3.

[72] 时敬华 .21 世纪我国高等教育大众化探析 [J].教育探索，2001（8）：2.

[73] 辜胜阻，岳颖．推进我国高等教育大众化的战略选择 [J].教育研究，2001（6）：32.

[74] 顾明远．高等教育的多样化与质量的多样化 [J].中国高等教育，2001(9）：2.

[75] 王铁军.现代教育思潮 [M].南京：南京大学出版社，2000：177.

[76] 黄藤.高等教育大众化探讨 [N].光明日报，2000-12-29（4）.

[77] 刘智运.高等教育中"以人为本"的内涵 [J].中国地质大学学报（社会科学版），2003，3（2）：3.

[78] 杨叔子.是"育人"非"制器"——再谈人文教育的基础地位 [J].河北科技大学学报（社会科学版），2001（1）：5.

[79] 李贵.论高校德育"以人为本"的现实意义 [J].中国青年政治学院学报，2003，22（4）：95-98.

[80] 单玉.现代思想政治教育应注重培养人的主体性 [J].理论与改革，2003（4）：3.

[81] 王冬桦.树立科学的教育主体观是建立现代师生关系的基础（上）——教育过程中的主体研究 [J].河南职业技术师范学院学报（职业教育版），2004（1）：33-36.

[82] 赵军.思想道德教育要注重人的主体性 [J].南京政治学院学报，2004，20（2）：4.

[83] 苏广明，周华.谈学校工作中的服务育人 [J].成功，2004（1）：70.

[84] 李磊，金阿宁.论高校学生工作的"服务"理念 [J].中医教育，2003（5）：33-35.

[85] 郑杰.教育是一项特殊的服务 [J].全球教育展望，2003，32（1）：4.

[86] 杨德广.高等教育的大众化、多样化和质量保证——全国高等教育学研究会第六届学术年会总结报告 [J].高等教育研究，2001，22（4）：4.

[87] 聂彩林，张铃.论思想政治工作先进性和广泛性相结合的原则 [J].四川职业技术学院学报，2003，13（3）：3.

[88] 赵峰.论高校思想政治教育的统一性与多样性 [J].南通职业大学学报，2001，15（2）：3.

[89] 李薇菡，刘继红.当前高校德育应把握好两个关系 [J].高教探索，2001（1）：3.

[90] 喻雪红，刘李珍.弹性学制下高校学生思想政治工作的思考 [J].设计艺术研究，2002，21（5）：50-51.

[91] 李洪波，刘洁.学分制中的课程班级建设 [J].江苏高教，2003（6）：2.

[92] 牛凯.论弹性学制下高校学生的思想政治教育 [J].山西师大学报（社会科学版），2003，30（4）：4.

[93] 辉进宇.学分制条件下加强高校德育工作的思路和措施 [J].大理学院学报（综合版），2003，2（2）：3.

[94] 李建国.挑战与机遇——对学生宿舍公寓化下高校学生德育工作的思考[J].广西大学学报（哲学社会科学版），2004，26（2）：105-108.

[95] 中共江苏省委教育工委.做好后勤社会化条件下的学生思想政治教育 [J].中国高等教育，2002（18）：2.

[96] 袁贵仁.扎实推进高校思想政治教育进网络工作 [J].中国高等教育，2002（12）：3-7.

[97] 吴俊清.教书育人是实现大学德育目标的重要途径 [J].中北大学学报（社会科学版），2001（Z1）：21-24.

[98] 蹇兴东，张斌.高校扩招与强化教书育人意识 [J].中国农业教育，2004（2）：3.

[99] 任荣.导师制：高校思想政治教育工作形式新探 [J].广西大学学报（哲学社会科学版），2002，24（5）：4.

[100] 魏景柱，段志雁，陈权英.导生制——当前高校学生管理的一种新模式 [J].呼兰师专学报，2004，20（1）：3..

[101] 谭海峰.新形势下高校学生干部队伍建设的探究 [J].长沙民政职业技术学院学报，2002（4）：44.

[102] 许庆红，聂凤华.新形势下的学生干部队伍建设 [J].清华大学学报，

2001（1）：82.

[103] 中共中央宣传部.邓小平同志建设有中国特色社会主义理论学习纲要 [M].北京：学习出版社，1995：24-38，41-55，57-78.

[104] 中共中央宣传部."三个代表"重要思想学习纲要 [M].北京：学习出版社，2003：15-26，28-44，46-62.

[105] 中共中央宣传部.科学发展观学习纲要 [M].北京：学习出版社，2013：6-34，41-67，80-85.

[106] 中共中央宣传部.习近平新时代中国特色社会主义思想学习纲要 [M].北京：学习出版社，2019：3-24，26-41，44-60，64-76.

[107] 孙鸿鹤.中国特色社会主义发展的历史脉络 [J].奋斗，2020（22）：18-23.

[108] 范文.习近平新时代中国特色社会主义思想的理论框架 [J].国家行政学院学报，2018（2）：17-20.

[109] 习近平.中共中央关于深化党和国家机构改革的决定 [M].北京：人民出版社，2018：9.

[110] 孙力.中国共产党引领国家发展的新时代 [J].长白学刊，2017（6）：1-7.

[111] 习近平.习近平谈治国理政 [M].北京：外文出版社，2017：524.

[112] 马可·雅克.当中国统治世界：中国的崛起和西方世界的衰落 [M].张莉，刘曲，译.北京：中信出版社，2010：2.

[113] 孙力，翟桂萍.习近平新时代中国特色社会主义思想对科学社会主义理论的重大贡献 [J].思想理论教育研究，2019（3）：27-32.

[114] 中共中央文献研究室.党的十八大文件汇编 [M].北京：党建读物出版社，2012：10-43.

[115] 中共中央文献研究室.感悟十八大——十八大报告新思想新观点新论断 [J].党的文献，2013（2）：95-104.

[116] 习近平.紧紧围绕坚持和发展中国特色社会主义 学习宣传贯彻党的十八大精神 [M].北京：人民出版社，2012：2.

[117] 李进.马克思主义中国化进程中的中国特色教育思想体系 [J].中国高教研究,2009(9):19–22.

[118] 毛泽东.毛泽东选集:第 3 卷 [M].北京:人民出版社,1991:1083.

[119] 邓小平.邓小平文选:第 2 卷 [M].北京:人民出版社,1994:408.

[120] 邓小平.邓小平文选:第 3 卷 [M].北京:人民出版社,1993:274.

[121] 李华伟.胡锦涛教育思想研究 [J].新西部,2014(14):124–125.

[122] 中共中央文献研究室.毛泽东传:1893—1949[M].北京:中央文献出版社,1996.

[123] 中华人民共和国教育部,中共中央文献研究室.毛泽东 邓小平 江泽民论教育 [M].北京:中央文献出版社,2002.

[124] 张德祥.中国特色社会主义理论指导下的高等教育改革与发展 30 年 [J].中国高教研究,2008(11):7.

[125] 刘世清.论中国特色社会主义教育理论 [J].国家教育行政学院学报,2008(9):6.

[126] 袁利平,陈少阳.改革开放以来中国特色社会主义教育理论研究的知识图谱与时代转向 [J].大学教育科学,2018(1):17–24.

[127] 王歆.始终把教育摆在优先发展的战略位置——十八大以来党的教育民生思想实践发展浅析 [J].人民论坛,2017(10):82.

[128] 邓丽群,王玉珏.习近平高等教育思想研究 [J].四川理工学院学报(社会科学版),2017(5):62.

[129] 习近平.习近平谈治国理政:第 2 卷 [M].北京:外文出版社,2017:376–379.

[130] 赵婀娜.清华大学苏世民学者项目启动仪式在京举行 [N].人民日报,2013–04–22(1).

[131] 刘军涛,赵纲.把思想政治工作贯穿教育教学全过程开创我国高等教育事业发展新局面 [N].人民日报,2016–12–09(1).

[132] 崔东，赵纲. 敏锐把握世界科技创新发展趋势 切实把创新驱动发展战略实施好 [N]. 人民日报，2013-10-02（1）.

[133] 杨国荣. 论实践智慧 [J]. 中国社会科学，2012（4）：19.

[134] 吴康宁. 教育的品质：教育强国的"软实力" [J]. 教育科学文摘，2015，34（5）：2.

[135] 韩震. 扎根中国大地办世界一流大学 [N]. 光明日报，2016-12-13（13）.

[136] 浙江政策创新三十年课题组. 浙江政策创新三十年 [N]. 浙江日报，2008-12-15（3）.

[137] 浙江"创业创新、科学发展"课题研究组. 从文化大省到文化强省——浙江文化建设辉煌五年 [N]. 浙江日报，2012-05-25（4）.

[138] 胡惠林，王婧. 2013：中国文化产业发展指数报告（CCIDI）[M]. 上海：上海人民出版社，2013：26.

[139] 北京林业大学生态文明研究中心. 中国省域生态文明建设评价报告：ECI2014[M]. 北京：社会科学文献出版社，2014：87.

[140] 刘宗让. 先行与特色：浙江经验对中国特色社会主义理论体系的贡献 [M]. 杭州：浙江大学出版社，2012：117-118.

[141] 赵洪祝. 坚持科学发展深化创业创新为建设物质富裕精神富有的现代化浙江而奋斗 [N]. 浙江日报，2012-06-12（1）.

[142] 苏靖. 强镇扩权正突破——我省体制改革亮点（上）[N]. 浙江日报，2010-05-18（2）.

[143] 姚先国，金雪军，蓝蔚青. 浙江地方政府管理创新蓝皮书 [M]. 北京：知识产权出版社，2010：前言，101.

[144] 颜新文，端木义生，朱良华. 群众最需要什么服务，我们就提供什么服务 [J]. 今日浙江，2011（19）：38-39.

[145] 刘尧. 浙江省县级社区学院发展背景、现状与趋势 [J]. 研究生教育研究，2007（4）：3-10.

[146] 佚名. 省级高校中青年学科带头人培养策略的实施效能——浙江省高校中青年学科带头人培养工作的调查与思考[J]. 师资培训研究,2005(1): 6.

[147] 杨天平,刘召鑫. 中国高等教育对经济增长贡献率的分析比较[J]. 高校教育管理,2014(3): 7-16.

[148] 翁细金. 未来十年浙江高等教育与人口、经济社会协调发展研究[J]. 高等教育研究,2012(6): 34-40.

[149] 邱伟光. 课程思政的价值意蕴与生成路径[J]. 思想理论教育,2017(7): 10-14.

[150] 闵辉. 课程思政与高校哲学社会科学育人功能[J]. 思想理论教育,2017(7) 21-25.

[151] 丛立新. 课程论问题[M]. 北京:教育科学出版社,2000: 77-78.

[152] 郭姝含. 高校思想政治教育与心理健康教育结合研究[J]. 佳木斯职业学院学报,2016(2): 185-186.

[153] 李春山,尚蕾. 高校心理健康与思想政治教育差异及融合研究[J]. 学理论,2013(26): 374-375.

[154] 姚晓娜. 高校思想政治理论课教学的地方特色浅析——地方性知识的视角[J]. 思想理论教育,2012(19): 63-66.

[155] 梅长青,卫启星. 新媒体下加强研究生思政教育的若干思考[J]. 知识经济,2015(8): 3.

[156] 吴淑霞. 微媒体时代高职院校思想政治理论课专题式教学内容整合研究[J]. 牡丹江大学学报,2019,28(7): 3.

[157] 王建,付永红,李娜. 微媒体时代思想政治理论课专题教学模式构建研究——以锦州医科大学为例[J]. 中国管理信息化,2017(20): 2.

[158] 刘文平. 高职院校思想政治理论课专题式教学模式刍议[J]. 无锡职业技术学院学报,2009,8(6): 3.

[159] 刘兆侠. 浅谈高职院校思想政治理论课专题式教学——以《毛泽东思想

和中国特色社会主义理论体系概论》为研究对象 [J]. 2010（7）：220-221.

[160] 范守忠. 高职院校思想政治理论课专题化教学模式创新研究 [J]. 文教资料，2017（3）：163-164.

[161] 唐业仁. 专题式教学在高职院校思想政治理论课教学中的运用探析 [J]. 思想理论教育导刊 2013（9）：3.

[162] 徐岩，杨晓玲. 大数据时代下高校思想政治教育创新探析 [J]. 重庆邮电大学学报（社会科学版），2017，29（6）：6.

[163] 舍恩伯格，库克. 大数据时代 [M]. 杭州：浙江人民出版社，2013：2.

[164] 胡树祥，谢玉进. 大数据时代的网络思想政治教育 [J]. 思想教育研究，2013（6）：4.

[165] 曹银忠，邹琴. 大数据时代高校思想政治教育的机遇与挑战 [J]. 电子科技大学学报（社科版），2015，17（5）：5.

[166] 王学俭，王瑞芳. 大数据时代高校思想政治教育的创新发展 [J]. 思想政治教育研究，2016，32（3）：6.

[167] 钱云光，骆睿，张凤寒. 大数据时代大学生思想政治教育探析 [J]. 学校党建与思想教育，2019（22）：3.

[168] Hey, Tansley, Tolle, et al. 第四范式：数据密集型科学发现 [M]. 潘教峰，张晓林，等译. 北京：科学出版社，2012：2.

[169] 崔志强. 大数据时代高校思想政治教育实现途径研究 [J]. 农家参谋，2019（15）：1.

[170] 顾冠华. 中国传统文化论略 [J]. 扬州大学学报（社科版），1999（6）：7.

[171] 温怀疆，何光威，史惠，等. 融媒体技术 [M]. 北京：清华大学出版社，2016：2.

[172] 周岩，戴琳. "融媒体"时代的新闻学专业教学探析 [J]. 新闻界，2009（1）：2.

[173] 柳竹.国内关于"融媒体"的研究综述 [J].传媒与版权，2015（4）：112-113.

[174] 马钦果.新媒体：思想政治工作的新型载体 [J].青年记者，2011（增刊 8）：1.

[175] 刘吕高，田崇军.中国传统文化对大学生思想政治教育的影响及作用 [J].中华文化论坛，2014（3）：162-165.

[176] 赵吉惠.中国传统文化导论 [M].南京：江苏教育出版社，2007：42.

[177] 汪立夏.红色文化资源在大学生思想政治教育中的价值及实现——以江西省高校红色文化教育进校园为例 [J].思想教育研究，2010（7）：4.

[178] 眭依凡.自觉从理论思考走向理论成熟:《建设有中国特色社会主义高等教育理论要点》之贡献解读 [J].中国高等教育研究，2013（9）：6.

[179] 张俊宗，中国特色社会主义高等教育理论体系发展的新境界 [J] 西北师大学报（社会科学版）2018，55（6）：7.

[180] 林昶，周志国.风雨五十载硕果铸辉煌——新中国最早成立的日本研究机构举行纪念活动 [J].日本学刊，2014（6）：1.

后　记

　　全书分为"理论篇：体系建构"和"实践篇：浙江经验"两部分，共分六章，全面总结了我国高等教育取得的举世瞩目的成就，同时对未来我国高等教育事业提出要求，阐述了新时代中国特色社会主义教育事业的成就和未来发展趋势。

　　本书的编写参照了我国中文数据库的大量文献资料，有些在文中做了标注，有的列入"参考文献"中，在此，对参考、引用文献的所有作者表示衷心的感谢。同时本书还参考了我国高等教育领域有关高等教育思想理论体系的重大研究成果，在此也对文中提及的课题组成员表示深深的感谢，正是有了这些前期研究成果才让鄙人敢于尝试本文的撰写。

　　本书是浙江省高校重大人文社科攻关计划重点项目：新时代中国特色社会主义高等教育思想理论体系研究及在浙江的实践（立项号：2018GH41）的研究成果。该课题组成员主要有王爱华、沈丽、王菁华等，在大家的共同努力下课题组基本完成了该课题的研究和本书的编撰工作。

　　由于时间仓促，加之作者水平有限，本书对新时代中国特色社会主义高等教育思想理论体系的研究只是肤浅的总结，难免存在不足之处，敬请读者批评、指正。

作者

2023 年 8 月